plurall

Parabéns!
Agora você faz parte do **Plurall**, a plataforma digital do seu livro didático! Acesse e conheça todos os recursos e funcionalidades disponíveis para as suas aulas digitais.

Baixe o aplicativo do **Plurall** para Android e IOS ou acesse **www.plurall.net** e cadastre-se utilizando o seu código de acesso exclusivo:

AAAAZF8YX

Este é o seu código de acesso Plurall. Cadastre-se e ative-o para ter acesso aos conteúdos relacionados a esta obra.

@plurallnet

@plurallnetoficial

SOMOS EDUCAÇÃO

Projeto

Ápis

ANNA MARIA CHARLIER

Bacharela e licenciada em História pela Universidade de São Paulo (USP).
Bacharela e licenciada em Geografia pela USP. Ex-professora, diretora e supervisora dos Ensinos Fundamental e Médio nas redes pública e particular do estado de São Paulo.

MARIA ELENA SIMIELLI

Bacharela e licenciada em Geografia pela Universidade de São Paulo (USP).
Professora doutora em Geografia e professora livre-docente do Departamento de Geografia – Pós-graduação, USP.
Ex-professora dos Ensinos Fundamental e Médio nas redes pública e particular do estado de São Paulo.

HISTÓRIA

1º ANO

Ensino Fundamental

editora ática

editora ática

Presidência: Mario Ghio Júnior
Direção editorial: Lidiane Vivaldini Olo
Gerência editorial: Viviane Carpegiani
Gestão de área: Tatiany Renó
Edição: Luciana Nicoletti (coord.), Érica Lamas
Planejamento e controle de produção: Flávio Matuguma, Juliana Batista, Felipe Nogueira e Juliana Gonçalves
Revisão: Kátia Scaff Marques (coord.), Brenda T. M. Morais, Daniela Lima, Malvina Tomáz e Ricardo Miyake
Arte: André Gomes Vitale (ger.), Catherine Saori Ishihara (coord.), Nicola Loi (edição de arte)
Iconografia e tratamento de imagem: Sílvio Kligin (ger.), Denise Durand Kremer (coord.), Paula Dias (pesquisa iconográfica), Fernanda Crevin (tratamento de imagens)
Licenciamento de conteúdos de terceiros: Roberta Bento (ger.), Jenis Oh (coord.), Liliane Rodrigues, Flávia Zambon e Raísa Maris Reina (analistas de licenciamento)
Ilustrações: Ilustra Cartoon, Lie Kobayashi, Rodrigo Paschoal, Rodval Matias, Vanessa Alexandre, Vicente Mendonça, Wandson Rocha
Design: Talita Guedes da Silva (proj. gráfico e capa)
Ilustração de capa: Barlavento Estúdio
Logotipo: Saulo Dorico

Avenida Paulista, 901, 6º andar – Bela Vista
São Paulo – SP – CEP 01310-200
http://www.somoseducacao.com.br

Dados Internacionais de Catalogação na Publicação (CIP)

Charlier, Anna Maria
Projeto Ápis : História : 1º ao 5º ano / Anna Maria Charlier, Maria Elena Simielli. -- 4. ed. -- São Paulo : Ática, 2020.
(Projeto Ápis ; vol. 1 ao 5)

Bibliografia

1. História (Ensino fundamental) Anos iniciais I. Título II. Simielli, Maria Elena III. Série

CDD 372.89

20-1297

Angélica Ilacqua - Bibliotecária - CRB-8/7057

2024
Código da obra CL 750409
CAE 721275 (AL) / 721276 (PR)
ISBN 9788508195589 (AL)
ISBN 9788508195596 (PR)
4ª edição
5ª impressão
De acordo com a BNCC.

Impressão e acabamento
Log&Print Gráfica, Dados Variáveis e Logística S.A.

Uma publicação SOMOS EDUCAÇÃO

APRESENTAÇÃO

CARO ALUNO,

COM ESTE LIVRO QUEREMOS CONVIDAR VOCÊ A APRENDER HISTÓRIA DE MANEIRA PRAZEROSA.

VOCÊ VAI VIAJAR NO TEMPO POR MEIO DE TEXTOS E DE IMAGENS, LOCALIZANDO E RELACIONANDO FATOS EM DIFERENTES MOMENTOS HISTÓRICOS. ASSIM, VOCÊ VAI REFLETIR SOBRE A PRÓPRIA HISTÓRIA, COMPARANDO SUAS EXPERIÊNCIAS COM AS VIVIDAS POR OUTRAS PESSOAS EM DIFERENTES ESPAÇOS E TEMPOS.

O PRESENTE TRAZ MARCAS DO PASSADO, ASSIM COMO O FUTURO TERÁ MARCAS DO PRESENTE. POR ISSO, É IMPORTANTE ESTUDAR O PASSADO PARA COMPREENDER O MUNDO EM QUE VIVEMOS. COMO VOCÊ VAI PERCEBER, A HISTÓRIA É VIVA.

ESTUDAR E COMPREENDER A HISTÓRIA É UM GRANDE PASSO PARA VOCÊ SE TORNAR UM CIDADÃO PARTICIPANTE DO LUGAR ONDE VIVE E DAS TRANSFORMAÇÕES DA SUA COMUNIDADE.

VAMOS JUNTOS?

AS AUTORAS

CONHEÇA SEU LIVRO

ESTE LIVRO CONTÉM DUAS UNIDADES. CADA UNIDADE TEM DOIS CAPÍTULOS.

ABERTURA DE UNIDADE

NO INÍCIO DE CADA UNIDADE HÁ UMA ILUSTRAÇÃO E ALGUMAS QUESTÕES PARA DESPERTAR O SEU INTERESSE PELO TEMA QUE SERÁ ESTUDADO.

ABERTURA DE CAPÍTULO

IMAGENS, TEXTOS E ATIVIDADES ORAIS ESTIMULAM VOCÊ A CONVERSAR COM OS COLEGAS SOBRE OS ASSUNTOS QUE SERÃO ESTUDADOS.

PARA FACILITAR A COMPREENSÃO DOS TEXTOS, O SIGNIFICADO DE ALGUMAS PALAVRAS SERÁ APRESENTADO NA PRÓPRIA PÁGINA: NO **VOCABULÁRIO**.

SAIBA MAIS

TEXTOS, IMAGENS E ATIVIDADES PARA VOCÊ AMPLIAR SEUS CONHECIMENTOS E AGUÇAR A SUA CURIOSIDADE.

ASSIM TAMBÉM APRENDO

HISTÓRIAS EM QUADRINHOS, TIRINHAS E BRINCADEIRAS VÃO AJUDAR NO SEU APRENDIZADO.

MINHA COLEÇÃO DE PALAVRAS EM HISTÓRIA

AO LONGO DOS CAPÍTULOS E AO FINAL DE CADA UNIDADE, VOCÊ VAI ENCONTRAR ATIVIDADES QUE EXPLORAM O CONTEXTO E O SENTIDO DE ALGUMAS PALAVRAS IMPORTANTES PARA A DISCIPLINA.

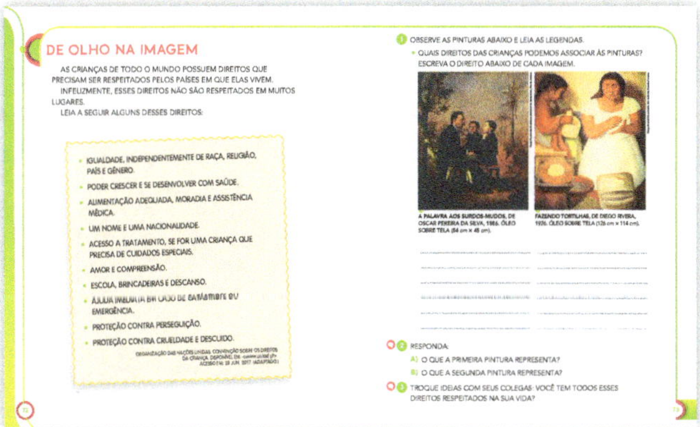

DE OLHO NA IMAGEM

VOCÊ SABIA QUE IMAGENS TAMBÉM SÃO FONTES HISTÓRICAS? NESTA SEÇÃO, VOCÊ VAI APRENDER HISTÓRIA POR MEIO DA LEITURA DE IMAGENS.

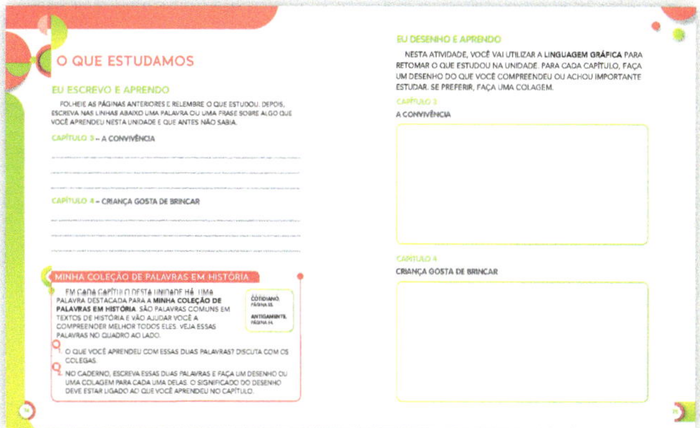

O QUE ESTUDAMOS

É O ENCERRAMENTO DA UNIDADE DE ESTUDO. AQUI VOCÊ VAI TRABALHAR A ESCRITA E O DESENHO, RETOMAR O QUE FOI ESTUDADO, BEM COMO REFLETIR SOBRE O QUE APRENDEU.

TECENDO SABERES

AQUI VOCÊ VAI ENTRELAÇAR OS CONHECIMENTOS DA HISTÓRIA COM OS SABERES DE OUTRAS DISCIPLINAS.

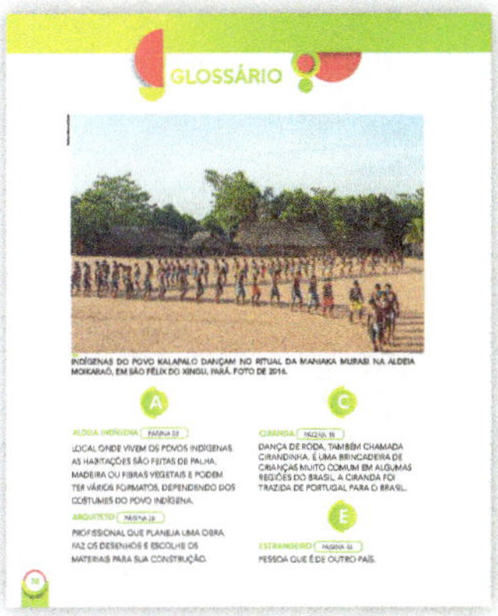

GLOSSÁRIO

NO FINAL DO LIVRO VOCÊ ENCONTRA O SIGNIFICADO DE PALAVRAS DESTACADAS NO TEXTO, IMPORTANTES PARA O ESTUDO DE HISTÓRIA.

MATERIAL COMPLEMENTAR

ACOMPANHA O LIVRO DO ALUNO:

CADERNO DE ATIVIDADES

ÁPIS DIVERTIDO

ÁPIS DIVERTIDO

JOGOS QUE EXPLORAM OS TEMAS ESTUDADOS E IMAGENS PARA VOCÊ UTILIZAR EM ALGUMAS ATIVIDADES DO LIVRO.

CADERNO DE ATIVIDADES

ATIVIDADES PARA VOCÊ PRATICAR O QUE APRENDEU EM CADA UNIDADE.

ÍCONES

ATIVIDADE ORAL

ATIVIDADE EM GRUPO

ATIVIDADE EM DUPLA

ATIVIDADE NO CADERNO

PESQUISE

SUMÁRIO

Vicente Mendonça/Arquivo da editora

UNIDADE

Vicente Mendonça/Arquivo da editora

UNIDADE

1 O MEU MUNDO PESSOAL

Wandson Rocha/Arquivo da editora

- O QUE O MENINO DA ILUSTRAÇÃO ESTÁ FAZENDO?
- QUE ATIVIDADES VOCÊ FAZ NO SEU DIA A DIA?
- COM QUAIS PESSOAS VOCÊ CONVIVE?

CAPÍTULO 1

A MINHA VIDA DE CRIANÇA

QUEM É VOCÊ? COMO VOCÊ É? QUANTOS ANOS VOCÊ TEM?

PARA INICIAR

LEIA O POEMA COM O PROFESSOR E TROQUE IDEIAS COM OS COLEGAS.

ANIVERSÁRIO

HOJE EU SINTO QUE CRESCI BASTANTE
HOJE EU SINTO QUE ESTOU MUITO GRANDE
SINTO MESMO QUE SOU UM GIGANTE
DO TAMANHO DE UM ELEFANTE

[...]
E QUANDO CHEGA MEU ANIVERSÁRIO
EU ME SINTO BEM MAIOR,
BEM MAIOR, BEM MAIOR

PAULO TATIT; LUIZ TATIT. ANIVERSÁRIO. INTÉRPRETE: PALAVRA CANTADA. IN: **PALAVRA CANTADA 10 ANOS**. SÃO PAULO: PALAVRA CANTADA, 2004. 1 CD. FAIXA 4.

Vicente Mendonça/Arquivo da editora

1. POR QUE O MENINO SE SENTE BEM MAIOR NO DIA DO SEU ANIVERSÁRIO?
2. VOCÊ SE LEMBRA DAS COISAS QUE ACONTECERAM QUANDO VOCÊ ERA BEM PEQUENO?
3. COMO VOCÊ SE IMAGINA DAQUI A ALGUNS ANOS?

A MINHA HISTÓRIA

O TEMPO PASSA RÁPIDO E A CRIANÇA LOGO DEIXA DE SER UM BEBÊ. VOCÊ TAMBÉM CRESCEU BASTANTE DESDE O SEU NASCIMENTO.

SUGESTÃO DE... LIVRO

O CABELO DE CORA. ANA ZARCO CÂMARA, PALLAS EDITORA.

1 PINTE DE **VERDE** OS QUADRINHOS QUE INDICAM COMO VOCÊ É.

EU SOU			
☐ MENINO	☐ BAIXO	☐ ALTO	☐ NEM ALTO NEM BAIXO
☐ MENINA	☐ GORDO	☐ MAGRO	☐ NEM GORDO NEM MAGRO

MEUS CABELOS SÃO		
☐ PRETOS	☐ LISOS	☐ CURTOS
☐ LOIROS	☐ CRESPOS	☐ MÉDIOS
☐ CASTANHOS	☐ ENCARACOLADOS	☐ COMPRIDOS

MEUS OLHOS SÃO		
☐ CASTANHOS	☐ AZUIS	☐ VERDES
☐ PRETOS	☐ ARREDONDADOS	☐ PUXADOS

2 PERGUNTE ÀS PESSOAS MAIS VELHAS DA SUA CASA O QUE MUDOU FISICAMENTE EM VOCÊ DESDE O TEMPO EM QUE ERA BEBÊ. DEPOIS, CONVERSE COM OS COLEGAS SOBRE ESSAS MUDANÇAS.

VOCÊ JÁ PERCEBEU QUE, COM O TEMPO, AS SUAS ROUPAS VÃO FICANDO PEQUENAS E É PRECISO TROCÁ-LAS POR OUTRAS? NA VERDADE, NADA MUDOU NOS OBJETOS, VOCÊ É QUE CRESCEU.

PODEMOS REPARAR EM NOSSO CRESCIMENTO OBSERVANDO NOSSOS OBJETOS ANTIGOS. ELES TAMBÉM CONTAM PARTE DE NOSSA HISTÓRIA.

1. QUE OBJETO VOCÊ SE LEMBRA DE TER USADO QUANDO ERA MENOR E QUE HOJE NÃO USA MAIS?

2. JOÃO ENCONTROU EM UM DEPÓSITO DA SUA CASA ALGUNS DE SEUS OBJETOS ANTIGOS GUARDADOS POR SEUS PAIS. DESTAQUE OS OBJETOS DA **PÁGINA 3** DO **ÁPIS DIVERTIDO** E COLE-OS NA ORDEM, DESDE QUANDO JOÃO ERA BEBÊ ATÉ FICAR ADULTO.

1	2
3	4

3 PEÇA A UM ADULTO DA FAMÍLIA QUE CONTE ALGUMA HISTÓRIA DE QUANDO VOCÊ ERA PEQUENO. EM SEGUIDA, FAÇA O QUE SE PEDE.

A) COLE CÓPIAS DE FOTOGRAFIAS DESSA ÉPOCA NO QUADRO ABAIXO OU FAÇA UM DESENHO.

B) MOSTRE A SUA COLAGEM OU O SEU DESENHO AOS COLEGAS E CONTE A HISTÓRIA DO PERÍODO REPRESENTADO.

AS NOSSAS LEMBRANÇAS ESTÃO LIGADAS TAMBÉM ÀS LEMBRANÇAS DE NOSSA FAMÍLIA. A NOSSA FAMÍLIA PODE SER FORMADA POR PAI, MÃE, PADRASTO, MADRASTA, IRMÃOS, AVÓS, TIOS, PRIMOS E OUTRAS PESSOAS. COM TANTA GENTE, SEMPRE HÁ MUITAS HISTÓRIAS PARA CONTAR E LEMBRAR.

1 LIGUE OS QUADROS E IDENTIFIQUE O GRAU DE PARENTESCO DAS PESSOAS.

MEUS AVÓS MATERNOS SÃO OS PAIS DE...	FILHO OU FILHA
MEUS AVÓS PATERNOS SÃO OS PAIS DE...	TIOS
EU SOU... DE MEUS PAIS.	NETO OU NETA
EU SOU... DE MEUS AVÓS.	MEU PAI
OS IRMÃOS DE MINHA MÃE OU DE MEU PAI SÃO MEUS...	PRIMOS
OS FILHOS DOS MEUS TIOS E DAS MINHAS TIAS SÃO MEUS...	MINHA MÃE

2 RESPONDA:

A) QUEM SÃO AS PESSOAS DE SUA FAMÍLIA? ESCREVA O NOME DELAS ABAIXO.

SUGESTÃO DE...
LIVRO
A BISA FALA CADA COISA!
CARMEN LUCIA CAMPOS,
PANDA BOOKS.

B) VOCÊ CONHECE UMA HISTÓRIA SOBRE ALGUM DE SEUS FAMILIARES? FAÇA UM DESENHO SOBRE ESSA HISTÓRIA NO QUADRO ABAIXO. DEPOIS CONTE A HISTÓRIA PARA SEUS COLEGAS.

ESTOU CRESCENDO

VOCÊ JÁ CRESCEU BASTANTE DESDE QUE NASCEU E CONTINUARÁ CRESCENDO ATÉ FICAR ADULTO. AO CRESCER, MUITAS MUDANÇAS OCORREM NO SEU CORPO, E VOCÊ APRENDE COISAS NOVAS.

1 FAÇA TRÊS DESENHOS QUE MOSTREM:

1 COMO VOCÊ ERA QUANDO BEBÊ	2 COMO VOCÊ É AGORA	3 COMO VOCÊ ACHA QUE SERÁ QUANDO ADULTO

2 QUAIS MUDANÇAS OCORRERAM EM SEU CORPO? COMPLETE:

A) QUANDO EU ERA BEBÊ, EU ______________________________.

B) AGORA, QUE JÁ TENHO __________ ANOS, EU ______________________.

C) QUANDO FOR ADULTO, EU ______________________________.

MINHA COLEÇÃO DE PALAVRAS EM HISTÓRIA

A PALAVRA ABAIXO É IMPORTANTE PARA ESTUDAR HISTÓRIA.

MUDANÇA.

CONVERSE COM OS COLEGAS E O PROFESSOR SOBRE UMA MUDANÇA QUE ACONTECEU NA SUA VIDA DESDE O SEU NASCIMENTO ATÉ HOJE.

ASSIM TAMBÉM APRENDO

MAURICIO DE SOUSA. **ZÉ LELÉ**, [S.D.].

1. OBSERVE A HISTÓRIA E CONVERSE COM OS COLEGAS SOBRE O QUE ACONTECEU COM O PERSONAGEM.

2. INVENTE UM TÍTULO PARA ESSA HISTÓRIA.

____

3. ESCREVA CORRETAMENTE A PALAVRA **FINARMENTE**.

____

4. ASSIM COMO AS PESSOAS, AS PLANTAS TAMBÉM SE DESENVOLVEM COM O PASSAR DO TEMPO. DESENHE NOS QUADROS O CRESCIMENTO DE UMA PLANTA DESDE QUANDO ELA ERA APENAS UMA SEMENTE.

ALGUNS JOGOS E BRINCADEIRAS FORAM INVENTADOS HÁ MUITO TEMPO E, AINDA HOJE, DIVERTEM MUITAS CRIANÇAS. UM EXEMPLO É A BRINCADEIRA DE RODA.

VOCÊ CONHECE A CANÇÃO ABAIXO?

1 LEIA COM O PROFESSOR E, SE SOUBER, CANTE.

CIRANDA, CIRANDINHA

CIRANDA, CIRANDINHA,
VAMOS TODOS CIRANDAR.
VAMOS DAR A MEIA-VOLTA,
VOLTA E MEIA VAMOS DAR.

O ANEL QUE TU ME DESTE
ERA VIDRO E SE QUEBROU.
O AMOR QUE TU ME TINHAS
ERA POUCO E SE ACABOU.

POR ISSO, DONA ROSA,
ENTRE DENTRO DESSA RODA,
DIGA UM VERSO BEM BONITO,
DIGA ADEUS E VÁ-SE EMBORA.

DOMÍNIO POPULAR.

A DEFINIÇÃO DAS PALAVRAS DESTACADAS ESTÁ NO **GLOSSÁRIO**, PÁGINA 78.

A) VOCÊ E SEUS AMIGOS COSTUMAM BRINCAR DE RODA?

B) FAÇA UMA RODA COM OS COLEGAS DE CLASSE E CANTEM OUTRAS CANTIGAS DE RODA.

C) A BRINCADEIRA DE QUE VOCÊ MAIS GOSTA É ______________________.

2 ALGUNS OBJETOS MARCAM AS FASES DA NOSSA VIDA.
O QUE VOCÊ USAVA QUANDO ERA BEBÊ? COMPLETE O DIAGRAMA COM AS PALAVRAS DO QUADRO ABAIXO.

CHUPETA	CHOCALHO	BERÇO	FRALDA

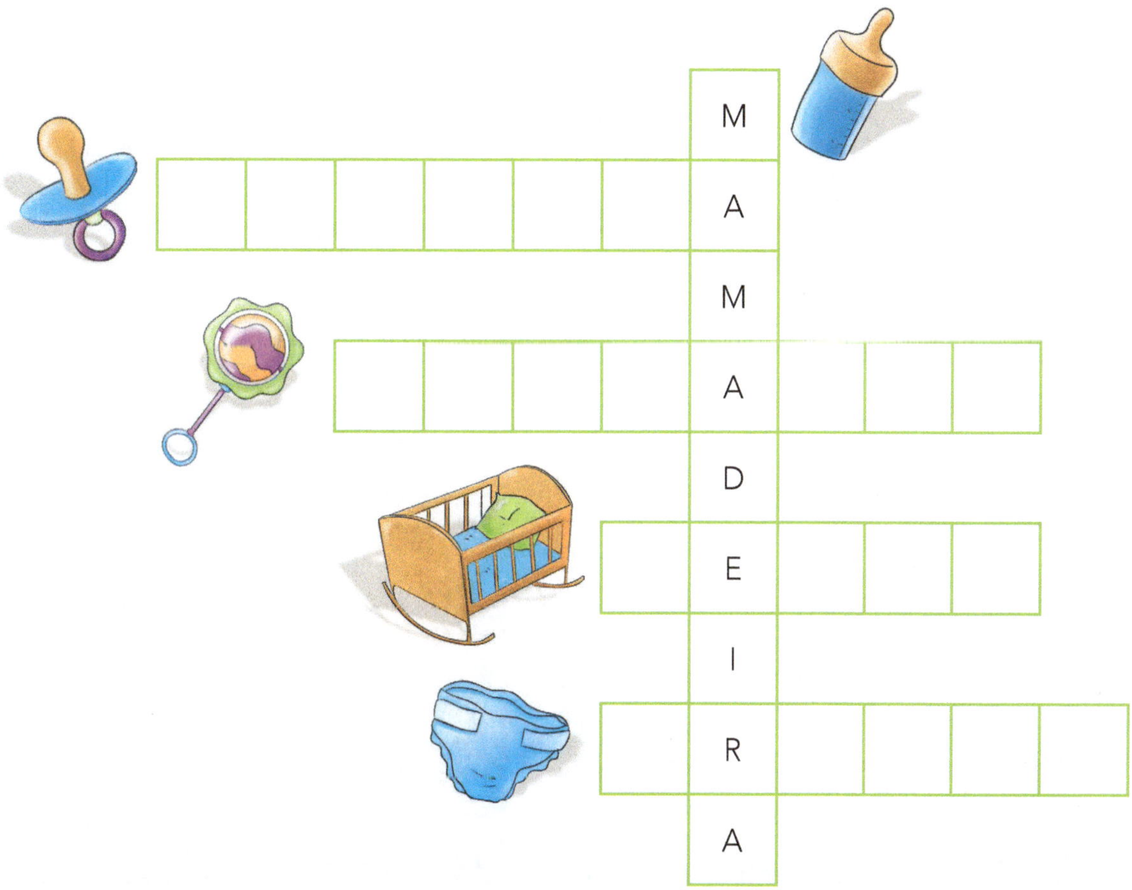

Ilustrações: Vicente Mendonça/Arquivo da editora

3 OBSERVE A ILUSTRAÇÃO A SEGUIR E MARQUE COM UM **X** O QUE EXISTE DE ESTRANHO NESTA SALA DE AULA DE 1º ANO.

Vicente Mendonça/Arquivo da editora

4 MARQUE COM UM **X** O QUE VOCÊ FAZ AGORA E NÃO FAZIA QUANDO ERA BEM PEQUENO.

TOMAR BANHO SOZINHO.

ANDAR DE BICICLETA.

Ilustrações: Vicente Mendonça/Arquivo da editora

ESTUDAR.

IR AO CINEMA SOZINHO.

DORMIR.

5 AGORA, VAMOS PENSAR NO FUTURO.

A) ESCREVA DUAS COISAS QUE VOCÊ NÃO FAZ AGORA, MAS QUE PODERÁ FAZER QUANDO FOR MAIOR.

B) O QUE VOCÊ QUER SER QUANDO CRESCER? ESCOLHA UMA PROFISSÃO E RESPONDA A ESSA PERGUNTA COM UM DESENHO. SE PREFERIR, FAÇA UMA COLAGEM.

C) CONTE AOS COLEGAS POR QUE VOCÊ ESCOLHEU ESSA PROFISSÃO.

CAPÍTULO

2 A FAMÍLIA E A ESCOLA

COM QUEM VOCÊ PASSA A MAIOR PARTE DO SEU TEMPO?

PARA INICIAR

Vicente Mendonça/Arquivo da editora

LEIA O POEMA COM O PROFESSOR.

CHEGARAM AS FÉRIAS

CHEGARAM AS FÉRIAS
QUE BOM QUE VAI SER!
EU VOU PASSEAR, PULAR E CORRER!
EU VOU DORMIR TARDE,
VOU BRINCAR LÁ FORA...
VER TELEVISÃO ATÉ FORA DE HORA.
VOU LER O QUE EU QUERO,
DE NOITE E DE DIA...
BRINCAR COM O CACHORRO,
OU FAZER FOLIA!
COM TODOS AMIGOS
VOU FICAR DE BEM,
SÓ VOLTO PRA ESCOLA
NO ANO QUE VEM!

Vicente Mendonça/Arquivo da editora

RUTH ROCHA; HÉLIO ZISKIND. CHEGARAM AS FÉRIAS. INTÉRPRETE: FORTUNA. IN: **NA CASA DA RUTH**. SÃO PAULO: SESC, 2009. 1 DVD. FAIXA 2.

1. NAS FÉRIAS ESCOLARES VOCÊ COSTUMA FAZER ALGUMA ATIVIDADE COMO AS CITADAS NO POEMA?
2. VOCÊ FAZ ALGUM PROGRAMA ESPECIAL COM SUA FAMÍLIA NAS FÉRIAS ESCOLARES?
3. DO QUE VOCÊ GOSTA MAIS: DE IR À ESCOLA OU DE FICAR COM SUA FAMÍLIA?

AS FAMÍLIAS SÃO DIFERENTES

UMA CRIANÇA PRECISA DA FAMÍLIA OU DE OUTRAS PESSOAS ADULTAS QUE A AMEM E CUIDEM DELA PARA CRESCER DE MANEIRA SAUDÁVEL. A ESCOLA AJUDA A FAMÍLIA NESSA TAREFA.

A FAMÍLIA GERALMENTE É O MAIS IMPORTANTE GRUPO DE CONVIVÊNCIA DE UMA CRIANÇA. VEJA ALGUMAS FAMÍLIAS A SEGUIR.

Fernando Favoretto/Criar Imagem

FAMÍLIA TOMA CAFÉ DA MANHÃ EM SÃO PAULO, NO ESTADO DE SÃO PAULO, EM 2016.

Renato Soares/Pulsar Imagens

FAMÍLIA INDÍGENA DA ALDEIA IKPENG, LOCALIZADA EM FELIZ NATAL, NO ESTADO DE MATO GROSSO, EM 2016.

Fernando Favoretto/Criar Imagem

FAMÍLIA OBSERVA ÁLBUM DE FOTOS EM SÃO PAULO, NO ESTADO DE SÃO PAULO, EM 2016.

m-imagephotography/iStock/Getty Images

FAMÍLIA EM PRAIA NOS ESTADOS UNIDOS, EM 2017.

AS FAMÍLIAS SÃO MUITO DIFERENTES ENTRE SI. HÁ CRIANÇAS QUE MORAM:

- COM O PAI E A MÃE;
- SÓ COM O PAI;
- SÓ COM A MÃE;
- COM OS AVÓS;
- COM OUTROS PARENTES;
- COM O PADRASTO;
- COM A MADRASTA;
- COM PESSOAS QUE NÃO SÃO PARENTES, MAS AS TRATAM COMO FILHOS;
- NOS LARES PARA CRIANÇAS OU EM **ORFANATOS**, COM OUTRAS CRIANÇAS E COM OS RESPONSÁVEIS POR ELAS.

ORFANATO: LOCAL DESTINADO A DAR ABRIGO E EDUCAÇÃO A ÓRFÃOS (CRIANÇAS E ADOLESCENTES CUJOS PAIS FALECERAM) E/OU CRIANÇAS ABANDONADAS.

FAMÍLIAS DE ANTIGAMENTE

AS FAMÍLIAS DE HOJE SÃO BEM DIFERENTES DAS FAMÍLIAS DE ANTIGAMENTE. AS IMAGENS A SEGUIR MOSTRAM COMO ALGUNS PINTORES RETRATARAM AS FAMÍLIAS DE TEMPOS PASSADOS.

RETRATO DE FAMÍLIA, DE LULA CARDOSO AYRES, 1943. NANQUIM E AQUARELA (40 cm × 61 cm).

CENA DA FAMÍLIA DE ADOLFO AUGUSTO PINTO, DE JOSÉ FERRAZ DE ALMEIDA JÚNIOR, 1891. ÓLEO SOBRE TELA (106 cm × 137 cm).

1. CONVERSE COM OS COLEGAS: QUEM É A PESSOA DA FAMÍLIA EM DESTAQUE NESSAS PINTURAS?

2. PROCURE EM REVISTAS E JORNAIS FOTOS DE FAMÍLIAS E COLE-AS EM UMA FOLHA AVULSA. DEPOIS, COM A AJUDA DO PROFESSOR, COMPARE-AS COM AS FAMÍLIAS REPRESENTADAS NAS IMAGENS DESTA PÁGINA. CONVERSE SOBRE O QUE VOCÊS NOTAM DE DIFERENTE NAS IMAGENS.

HOJE EM DIA AS FAMÍLIAS TÊM, EM GERAL, POUCOS FILHOS. ANTIGAMENTE ELAS ERAM MUITO NUMEROSAS.

3 OBSERVE ESTA FOTO E COMPARE-A COM AS FOTOS DA PÁGINA 23.

Acervo Iconographia/Reminiscências

FAMÍLIA DA CIDADE DE BELÉM, NO ESTADO DO PARÁ, FOTOGRAFADA EM 1915.

A) AS FAMÍLIAS DA PÁGINA 23 TÊM O MESMO NÚMERO DE CRIANÇAS DA FAMÍLIA DESSA FOTO?

B) A SUA FAMÍLIA SE PARECE COM A DESSA FOTO? EXPLIQUE AS DIFERENÇAS.

MINHA COLEÇÃO DE PALAVRAS EM HISTÓRIA

A PALAVRA NO QUADRO ABAIXO APARECE NESTE CAPÍTULO.

CONVIVÊNCIA

1. DIGA UMA FRASE USANDO A PALAVRA **CONVIVÊNCIA**.
2. SERÁ QUE ESSA PALAVRA TEM ALGO A VER COM RESPEITO?

SAIBA MAIS

VOCÊ SABE COMO ERA A CONVIVÊNCIA EM UMA FAMÍLIA HÁ POUCO MAIS DE CEM ANOS? O TEXTO A SEGUIR, DO ARQUITETO OSCAR NIEMEYER, CONTA COMO ERA O COTIDIANO DA FAMÍLIA DELE QUANDO ERA PEQUENO.

Ana Carolina Fernandes/Folhapress

OSCAR NIEMEYER (1907-2012) FOI UM DOS MAIS FAMOSOS ARQUITETOS DO BRASIL. PROJETOU DIVERSAS CONSTRUÇÕES MODERNAS, MUITAS DELAS FAMOSAS E CONHECIDAS NO BRASIL E NO MUNDO.

NA CASA DO OSCAR

NÃO FALÁVAMOS À MESA, LIMITANDO-NOS A OUVIR A CONVERSA DOS MAIS VELHOS. LOGO QUE O JANTAR ACABAVA, EU CORRIA PARA A RUA E, SE O PORTÃO ESTAVA FECHADO, PULAVA A GRADE [...]. DEPOIS DO JANTAR A FAMÍLIA DESCANSAVA NA VARANDA.

OSCAR NIEMEYER. **AS CURVAS DO TEMPO**. RIO DE JANEIRO: REVAN, 2000. P. 14.

Vicente Mendonça/Arquivo da editora

1. VOCÊ CONHECE ALGUMA CONSTRUÇÃO DE OSCAR NIEMEYER? CONVERSE COM O PROFESSOR E OS COLEGAS.
2. A ROTINA DO JANTAR DESCRITA NO TEXTO É PARECIDA COM A DA SUA FAMÍLIA?

CONVIVÊNCIA EM FAMÍLIA

PARA VIVER BEM EM FAMÍLIA, É PRECISO RESPEITAR REGRAS. TAMBÉM É PRECISO QUE TODOS COLABOREM COM AS TAREFAS DIÁRIAS.

MAS NÃO É SÓ PARA APRENDER A RESPEITAR AS REGRAS QUE A FAMÍLIA EXISTE. É IMPORTANTE QUE AS PESSOAS DA FAMÍLIA ESTEJAM JUNTAS PARA APRENDER, FESTEJAR, DIVERTIR-SE E, PRINCIPALMENTE, SENTIREM-SE UNIDAS E SEGURAS UMAS COM AS OUTRAS.

1. FAÇA COM O PROFESSOR, NA LOUSA, UMA LISTA DE REGRAS DE UMA CASA.

2. FORME UM GRUPO COM MAIS TRÊS COLEGAS E CONVERSEM SOBRE A SITUAÇÃO MOSTRADA NA FOTO ABAIXO.

Gerson Gerloff/Pulsar Imagens

FAMÍLIA BRINCANDO AO AR LIVRE EM SANTA MARIA, NO ESTADO DO RIO GRANDE DO SUL, EM 2014.

ASSIM TAMBÉM APRENDO

- LEIA A TIRINHA ABAIXO. DEPOIS, ANOTE A REGRA QUE APARECE NA HISTÓRIA.

MAURICIO DE SOUSA. **O ESTADO DE S. PAULO**. SÃO PAULO, 29 ABR. 2014.

____

FESTAS DE FAMÍLIA

AS PESSOAS DE UMA FAMÍLIA COSTUMAM SE ENCONTRAR PARA COMEMORAR E FESTEJAR ALGUMAS DATAS IMPORTANTES PARA ELAS.

1 OBSERVE A ILUSTRAÇÃO E RESPONDA ÀS QUESTÕES.

Vicente Mendonça/Arquivo da editora

A) QUAL ACONTECIMENTO ESTÁ SENDO COMEMORADO PELA FAMÍLIA?

A FESTA É DE ________________________________.

B) CONTE PARA OS COLEGAS COMO SUA FAMÍLIA COSTUMA COMEMORAR OS ANIVERSÁRIOS.

C) ESCREVA O DIA E O MÊS DO SEU ANIVERSÁRIO.

________________________________.

D) CONTORNE NO QUADRO ABAIXO AS PALAVRAS QUE ESTÃO LIGADAS A FESTAS DE ANIVERSÁRIO.

BOLO   SAPATO   JANELA   GATO   PARABÉNS

RELÓGIO   FAMÍLIA   LAGO   AMIGOS

O NATAL É UMA DATA QUE A MAIORIA DAS FAMÍLIAS COSTUMA COMEMORAR. MESMO SENDO UMA DATA RELIGIOSA, É UMA OCASIÃO EM QUE MUITAS FAMÍLIAS, CRISTÃS OU NÃO, SE ENCONTRAM E FESTEJAM. É COMUM QUE RUAS, PRÉDIOS, CASAS E LOJAS SEJAM DECORADOS PARA CELEBRAR O NATAL.

2 LIGUE OS SÍMBOLOS DO NATAL COM A PALAVRA CORRETA:

ÁRVORE DE NATAL

ESTRELA

PAPAI NOEL

SINOS

Ilustrações: Vicente Mendonça/Arquivo da editora

3 CONVERSE COM SEUS COLEGAS: VOCÊ COMEMORA O NATAL COM SUA FAMÍLIA? DE QUE MANEIRA?

4 AGORA, DESENHE NO ESPAÇO ABAIXO OUTRA COMEMORAÇÃO EM QUE SUA FAMÍLIA COSTUMA SE REUNIR.

AS ESCOLAS E SUAS HISTÓRIAS

ASSIM COMO AS FAMÍLIAS, AS ESCOLAS MUDARAM MUITO.

HOJE TODAS AS CRIANÇAS DEVEM IR PARA A ESCOLA, MAS ANTIGAMENTE NÃO ERA ASSIM. HAVIA POUCAS ESCOLAS, E ALGUMAS CRIANÇAS MAIS RICAS ERAM EDUCADAS EM CASA.

SUGESTÃO DE... LIVRO

AS AVENTURAS DA PROFESSORA MALUQUINHA EM QUADRINHOS. ZIRALDO, EDITORA GLOBO.

1. COM A AJUDA DO PROFESSOR, LEIA O TEXTO DESTA PÁGINA E O DA PÁGINA SEGUINTE. ELES FALAM SOBRE DUAS ESCOLAS DO PASSADO.

A ESCOLA DA MESTRA SILVINA

MINHA ESCOLA PRIMÁRIA...
ESCOLA ANTIGA DE ANTIGA MESTRA
REPARTIDA EM DOIS PERÍODOS
PARA A MESMA MENINADA,
DAS 8 ÀS 11, DA 1 ÀS 4.
[...]
A GENTE CHEGAVA "– BENÇA, MESTRA".
SENTAVA EM BANCOS COMPRIDOS,
ESCORRIDOS, SEM ENCOSTO.
[...]
NÃO SE USAVA QUADRO-NEGRO.
AS CONTAS SE FAZIAM
EM PEQUENAS LOUSAS
INDIVIDUAIS.

CORA CORALINA. A ESCOLA DA MESTRA SILVINA. **POEMAS DOS BECOS DE GOIÁS E ESTÓRIAS MAIS.** SÃO PAULO: GLOBAL, 1993. P. 75.

MESTRA: PROFESSORA.

Vicente Mendonça/Arquivo da editora

CAETANO DE CAMPOS

EM 1964 TINHA EU MEUS SEIS ANOS DE IDADE E ACABADO DE INGRESSAR NO PRIMEIRO ANO DO CAETANO DE CAMPOS. EU QUE VINHA DE UM EXTERNATO DE BAIRRO EM PINHEIROS, COM POUCOS ALUNOS, ONDE BRINCÁVAMOS DE PEGAR TATU-BOLA NUM CANTEIRO DURANTE OS RECREIOS E A PROFESSORA, DONA ISAURA, ERA TAMBÉM DIRETORA E RECEPCIONISTA. ERA ELA QUEM RECEBIA AS CRIANÇAS QUE CHEGAVAM NAS MÃOS DE SEU PAIS. O CAETANO, COMO NÓS ALUNOS O TRATÁVAMOS NA INTIMIDADE, ERA UM SONHO. PRÉDIO IMPONENTE DE TRÊS ANDARES, COM FACHADA AMPLA PARECENDO UM TEMPLO GREGO, COM COLUNAS, PAREDES ALVAS IMITANDO MÁRMORE E JANELAS ALTAS, BEM NO CORAÇÃO DA CIDADE, CERCADA POR ALGUNS MARCOS ARQUITETÔNICOS, CARTÕES POSTAIS, ATÉ HOJE.

LUIZ FONSECA BATISTA. ESCOLA. MUSEU DA PESSOA. DISPONÍVEL EM: <www.museudapessoa.net/pt/conteudo/historia/escola-40262>. ACESSO EM: 7 AGO. 2019.

Rodval Matias/Arquivo da editora

2 A ESCOLA ONDE VOCÊ ESTUDA TEM ALGO EM COMUM COM AS ESCOLAS DOS TEXTOS? O QUÊ?

____

____

____

3 DO QUE VOCÊ MAIS GOSTA EM SUA ESCOLA?

ESCOLAS DE ONTEM E DE HOJE

1 OBSERVE ESTAS FOTOS DE ESCOLAS EM DIFERENTES ÉPOCAS. DEPOIS, RESPONDA ÀS PERGUNTAS.

SALA DE AULA DA ESCOLA CAETANO DE CAMPOS, EM SÃO PAULO, NO ESTADO DE SÃO PAULO, HÁ CERCA DE CEM ANOS.

SALA DE AULA NA ESCOLA DO POVOADO DE VARGEM FUNDA, EM SANTA LUZ, NO ESTADO DA BAHIA, 2014.

A) QUE DIFERENÇAS VOCÊ VÊ ENTRE ESSAS SALAS DE AULA?

B) QUAIS SÃO AS SEMELHANÇAS?

C) A CLASSE EM QUE VOCÊ ESTUDA SE PARECE COM QUAL DAS DUAS SALAS DE AULA?

2 OS MATERIAIS ESCOLARES TAMBÉM MUDARAM COM O PASSAR DO TEMPO. OBSERVE AS IMAGENS A SEGUIR.

AS IMAGENS NÃO ESTÃO REPRESENTADAS EM PROPORÇÃO

Fernando Vivaldini/Fotoarena

TABLET.

June Scheffel/Shutterstock

CARTEIRA ESCOLAR ANTIGA.

DioGen/Shutterstock

CANETA BICO DE PENA.

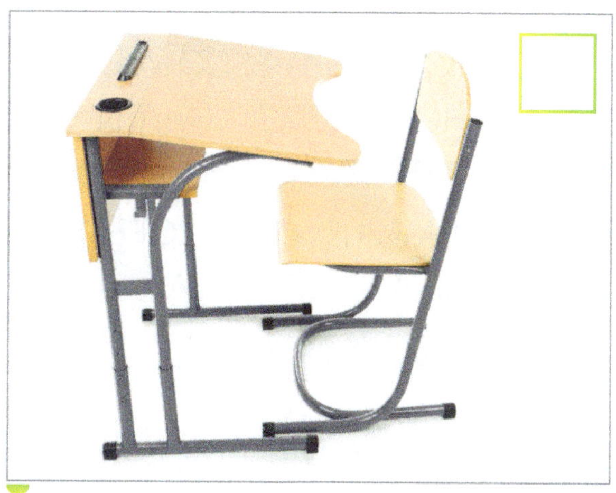
Africa Studio/Shutterstock

CARTEIRA ESCOLAR ATUAL.

Piya Kunkayan/Shutterstock

LOUSA, GIZES E APAGADOR.

CANETA BICO DE PENA: CANETA COM PONTA DE METAL QUE, APÓS SER MERGULHADA NO TINTEIRO, FAZ A TINTA ESCORRER PARA O PAPEL.

A) PINTE DE AMARELO O QUADRINHO DOS OBJETOS USADOS SOMENTE NO PASSADO.

B) PINTE DE ROXO O QUADRINHO DOS OBJETOS USADOS ATUALMENTE.

C) PINTE DE VERMELHO O QUADRINHO DOS OBJETOS USADOS TANTO NO PASSADO QUANTO ATUALMENTE.

3 LEIA AS PALAVRAS ABAIXO E PINTE DE **VERDE** O QUADRINHO REFERENTE AOS OBJETOS QUE EXISTEM EM SUA ESCOLA.

- [ ] LÁPIS
- [ ] BORRACHA
- [ ] CANETA BICO DE PENA
- [ ] LOUSA
- [ ] LÁPIS DE COR
- [ ] APARELHO DE DVD
- [ ] COMPUTADOR
- [ ] RETROPROJETOR
- [ ] CARTEIRA INDIVIDUAL
- [ ] *TABLET*

4 CAMINHE PELA ESCOLA COM O PROFESSOR PARA CONHECÊ-LA MELHOR. VISITE A CANTINA, O PÁTIO, A SECRETARIA, A DIRETORIA, A BIBLIOTECA E OUTRAS DEPENDÊNCIAS.

COM A AJUDA DO PROFESSOR, ESCREVA AS SEGUINTES INFORMAÇÕES SOBRE A SUA ESCOLA:

- NOME DA ESCOLA: ______________________________

____

- NOME DO SEU PROFESSOR: ______________________________

____

- QUANTOS ALUNOS ESTUDAM NELA: ______________________________

____

5 AINDA HOJE HÁ CRIANÇAS QUE DEIXAM DE IR À ESCOLA PORQUE PRECISAM TRABALHAR. TROQUE IDEIAS COM O PROFESSOR E COM SEUS COLEGAS: O QUE É PRECISO FAZER PARA QUE TODAS AS CRIANÇAS POSSAM FREQUENTAR A ESCOLA?

6 COMPLETE COM AS SÍLABAS DO QUADRO ABAIXO AS PALAVRAS QUE INDICAM ALGUMAS DEPENDÊNCIAS DE ESCOLA.

SE	DI	BA	BI	PÁ	LA
QUA	LAN	JAR	RE	CO	SA

______RETORIA	______NHEIRO	______DRA DE ESPORTES
______CRETARIA	______ZINHA	______FEITÓRIO
______TIO	______DIM	______BORATÓRIO
______BLIOTECA	______CHONETE	______LA DE AULA

7 CONTORNE OS NOMES DAS DEPENDÊNCIAS DA SUA ESCOLA.

8 ENTREVISTE UMA PESSOA IDOSA QUE VOCÊ CONHEÇA PARA SABER COMO ERA A ESCOLA ONDE ELA ESTUDAVA QUANDO CRIANÇA.
SIGA ESTE ROTEIRO DE PERGUNTAS. ANOTE AS RESPOSTAS EM UMA FOLHA AVULSA:

- COMO ERA O PRÉDIO DA ESCOLA?
- COMO ERA A SALA DE AULA?
- COMO ERAM OS MÓVEIS DA SALA DE AULA?
- COMO ERA O UNIFORME ESCOLAR?
- O QUE O(A) SENHOR(A) USAVA PARA ESCREVER?
- HAVIA CASTIGOS EM SUA ESCOLA?
- O(A) SENHOR(A) CONHECIA CRIANÇAS QUE NÃO IAM À ESCOLA?

LEIA PARA OS COLEGAS AS INFORMAÇÕES QUE VOCÊ CONSEGUIU NA ENTREVISTA.

TECENDO SABERES

NA SUA ESCOLA SE COMEMORA ALGUMA FESTA OU DATA ESPECIAL? EM MUITAS ESCOLAS, AS FESTAS JUNINAS SÃO AS MAIS POPULARES ENTRE OS ALUNOS. PARA QUE AS FESTAS NA ESCOLA SEJAM REALIZADAS, TODOS DEVEM COLABORAR: ALUNOS, PAIS, PROFESSORES, FUNCIONÁRIOS DA ESCOLA E OUTRAS PESSOAS DA COMUNIDADE.

1 LEIA O TEXTO:

VÍTOR, SARA, ANDRÉ E CAMILA FIZERAM BANDEIRINHAS PARA DECORAR A FESTA JUNINA DA ESCOLA ONDE ESTUDAM.

VÍTOR FEZ  BANDEIRINHAS.

SARA FEZ  BANDEIRINHAS.

ANDRÉ FEZ  BANDEIRINHAS.

CAMILA FEZ  BANDEIRINHAS.

Banco de imagens/Arquivo da editora

A) QUANTAS BANDEIRINHAS CADA CRIANÇA FEZ? ESCREVA O NÚMERO DELAS DENTRO DO QUADRINHO:

VÍTOR ☐ SARA ☐

ANDRÉ ☐ CAMILA ☐

B) NO TOTAL, QUANTAS BANDEIRINHAS AS CRIANÇAS FIZERAM? ☐

C) QUEM FEZ MENOS BANDEIRINHAS?

____

D) QUEM FEZ MAIS BANDEIRINHAS?

____

VOCÊ E SEUS COLEGAS TAMBÉM PODEM AJUDAR NOS PREPARATIVOS DA FESTA JUNINA DA SUA ESCOLA.

2 AJUDE A ORGANIZAR AS LISTAS DE BRINCADEIRAS, DE DOCES E DE SALGADOS DA FESTA USANDO AS PALAVRAS DO QUADRO ABAIXO.

PIPOCA MILHO-VERDE CADEIA CACHORRO-QUENTE
TOMBA-LATA BOLO DE MILHO CANJICA PASTEL QUADRILHA
ARGOLA BOLO DE FUBÁ PESCARIA PAÇOCA PÉ DE MOLEQUE

SALGADOS: ____________________

DOCES: ____________________

BRINCADEIRAS: ____________________

3 VAMOS BRINCAR DE PASSA-CHAPÉU? PRIMEIRO VOCÊ PRECISA CONHECER AS REGRAS DA BRINCADEIRA. PARA APRENDÊ-LAS, COMPLETE O TEXTO COM AS PALAVRAS CORRESPONDENTES ÀS ILUSTRAÇÕES.

TODOS OS  ____________________ DEVEM SENTAR NO CHÃO OU FICAR  ____________________ EM UMA  ____________________.

O PROFESSOR COLOCA A  ____________________ DE FESTA JUNINA PARA TOCAR.

O  ____________________ VAI PASSANDO DE  ____________________ EM 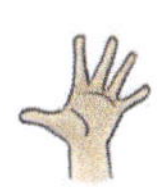 ____________________.

QUANDO A MÚSICA PARAR, QUEM ESTIVER COM O  ____________________ DEVE SAIR DA BRINCADEIRA.

VENCE O  ____________________ QUE **NÃO** ESTIVER COM O CHAPÉU NA  ____________________.

AGORA QUE VOCÊ E SEUS COLEGAS JÁ SABEM AS REGRAS, PODEM BRINCAR!

Ilustrações: Vicente Mendonça/Arquivo da editora

O QUE ESTUDAMOS

EU ESCREVO E APRENDO

FOLHEIE AS PÁGINAS ANTERIORES E RELEMBRE O QUE ESTUDOU. DEPOIS, ESCREVA NAS LINHAS ABAIXO UMA PALAVRA OU UMA FRASE SOBRE ALGO QUE VOCÊ APRENDEU NESTA UNIDADE E QUE ANTES NÃO SABIA.

CAPÍTULO 1 – A MINHA VIDA DE CRIANÇA

CAPÍTULO 2 – A FAMÍLIA E A ESCOLA

MINHA COLEÇÃO DE PALAVRAS EM HISTÓRIA

EM CADA CAPÍTULO DESTA UNIDADE, HÁ UMA PALAVRA DESTACADA PARA A **MINHA COLEÇÃO DE PALAVRAS EM HISTÓRIA**. SÃO PALAVRAS COMUNS EM TEXTOS DE HISTÓRIA E VÃO AJUDAR VOCÊ A COMPREENDER MELHOR TODOS ELES.

VEJA ESSAS PALAVRAS NO QUADRO AO LADO.

MUDANÇA,
PÁGINA 16.

CONVIVÊNCIA,
PÁGINA 25.

1. O QUE VOCÊ APRENDEU COM ESSAS DUAS PALAVRAS? DISCUTA COM OS COLEGAS.

2. NO CADERNO, ESCREVA ESSAS DUAS PALAVRAS E FAÇA UM DESENHO OU UMA COLAGEM PARA CADA UMA DELAS. O SIGNIFICADO DO DESENHO DEVE ESTAR LIGADO AO QUE VOCÊ APRENDEU NO CAPÍTULO.

EU DESENHO E APRENDO

NESTA ATIVIDADE, VOCÊ VAI UTILIZAR A **LINGUAGEM GRÁFICA** PARA RETOMAR O QUE ESTUDOU NA UNIDADE. PARA CADA CAPÍTULO, FAÇA UM DESENHO DO QUE VOCÊ COMPREENDEU OU ACHOU IMPORTANTE ESTUDAR. SE PREFERIR, FAÇA UMA COLAGEM.

CAPÍTULO 1

A MINHA VIDA DE CRIANÇA

CAPÍTULO 2

A FAMÍLIA E A ESCOLA

HORA DE ORGANIZAR O QUE ESTUDAMOS

NÓS MUDAMOS MUITO COM O TEMPO E PODEMOS PERCEBER ISSO NAS TRANSFORMAÇÕES DO NOSSO CORPO.

PODEMOS REPARAR EM NOSSO CRESCIMENTO OBSERVANDO NOSSOS OBJETOS ANTIGOS. ELES TAMBÉM CONTAM PARTE DE NOSSA HISTÓRIA.

AS FAMÍLIAS SÃO MUITO DIFERENTES ENTRE SI E, HOJE EM DIA, SÃO DIFERENTES DAS FAMÍLIAS DE ANTIGAMENTE.

HOJE AS FAMÍLIAS TÊM, EM GERAL, POUCOS FILHOS. MAS ANTIGAMENTE AS FAMÍLIAS ERAM MUITO NUMEROSAS.

AS NOSSAS LEMBRANÇAS ESTÃO LIGADAS ÀS LEMBRANÇAS DE NOSSA FAMÍLIA.

AS FAMÍLIAS TAMBÉM TÊM REGRAS. É IMPORTANTE OBEDECÊ-LAS E COLABORAR COM AS TAREFAS DE CASA.

MAURICIO DE SOUSA. **O ESTADO DE S. PAULO**. SÃO PAULO, 29 ABR. 2014.

A ESCOLA TAMBÉM MUDOU COM O PASSAR DO TEMPO, ASSIM COMO OS MATERIAIS ESCOLARES.

SALA DE AULA DA ESCOLA CAETANO DE CAMPOS, EM SÃO PAULO, NO ESTADO DE SÃO PAULO, HÁ CERCA DE CEM ANOS.

HÁ MUITAS FESTAS QUE PODEMOS COMEMORAR COM A FAMÍLIA OU NA ESCOLA.

PARA REFLETIR E CONVERSAR

- O QUE VOCÊ SENTIU E APRENDEU NESTA UNIDADE?
- VOCÊ TEVE DIFICULDADE PARA ENTENDER ALGUMA ATIVIDADE OU EXPLICAÇÃO NESTA UNIDADE?
- QUANDO UM ALUNO NOVO CHEGA NA ESCOLA, O QUE VOCÊ PODE FAZER PARA QUE ELE SE SINTA BEM RECEBIDO PELA TURMA?

UNIDADE 2

OS MEUS GRUPOS DE CONVIVÊNCIA

Wandson Rocha/Arquivo da editora

- QUEM SÃO AS PESSOAS REPRESENTADAS NA IMAGEM?
- QUE GRUPO DE CONVIVÊNCIA É ESTE REPRESENTADO NA IMAGEM?
- QUEM SÃO AS PESSOAS COM QUEM VOCÊ CONVIVE NO SEU DIA A DIA?

CAPÍTULO

3 A CONVIVÊNCIA

VOCÊ ACHA LEGAL CONVIVER COM PESSOAS DIFERENTES DE VOCÊ? POR QUÊ?

PARA INICIAR

LEIA A LETRA DA CANÇÃO ABAIXO E TROQUE IDEIAS COM SEUS COLEGAS.

NORMAL É SER DIFERENTE

[...] AMIGO É DE QUALQUER LUGAR
TEM GENTE ALTA, BAIXA, GORDA, MAGRA
MAS O QUE ME AGRADA É
QUE UM AMIGO A GENTE ACOLHE
[SEM PENSAR
PODE SER IGUALZINHO A GENTE
OU MUITO DIFERENTE
TODOS TÊM O QUE APRENDER E
[O QUE ENSINAR
SEJA CARECA OU CABELUDO
OU MESMO DE OUTRO MUNDO
TODO MUNDO TEM DIREITO DE
[VIVER E SONHAR
VOCÊ NÃO É IGUAL A MIM
EU NÃO SOU IGUAL A VOCÊ
MAS NADA DISSO IMPORTA
POIS A GENTE SE GOSTA
E É ASSIM SEMPRE QUE DEVE SER

ACOLHE: ACEITA, APOIA.

Vicente Mendonça/Arquivo da editora

GRANDES PEQUENINOS. NORMAL É SER DIFERENTE. **O MUNDO É GRANDE E PEQUENINO** (DVD), 2016.

1. DE ACORDO COM O AUTOR DA CANÇÃO, COMO DEVEM SER OS AMIGOS? VOCÊ CONCORDA COM ELE?

2. VOCÊ RESPEITA SEUS COLEGAS DA ESCOLA E SE SENTE RESPEITADO POR ELES?

NORMAL É SER DIFERENTE

TODAS AS PESSOAS SÃO DIFERENTES ENTRE SI E DEVEM SER RESPEITADAS. O RESPEITO FAZ PARTE DA BOA CONVIVÊNCIA.

1 ENCONTRE E CONTORNE NO DIAGRAMA AS PALAVRAS DESTACADAS ABAIXO.

RESPEITO

AJUDA

AMIZADE

TOLERÂNCIA

A	F	B	T	R	A	J	U	D	A	D	W	H	K
T	T	O	L	E	R	Â	N	C	I	A	O	J	C
K	M	H	F	G	S	V	A	M	I	Z	A	D	E
B	U	Q	C	L	K	I	C	A	M	R	J	M	D
C	N	B	R	E	S	P	E	I	T	O	X	Q	A
C	B	O	P	V	R	F	D	J	U	Q	T	R	I
S	T	Y	I	H	B	Z	A	T	C	V	M	P	B

2 APROVEITE AS LETRAS DA PALAVRA **IGUAIS** PARA ESCREVER OUTRAS PALAVRAS QUE MOSTREM RESPEITO AOS OUTROS. SIGA O EXEMPLO:

AJUDA | RESPEITO | AMOR | IGUALDADE | ACEITAÇÃO

P	A	C	I	Ê	N	C	I	A		
			G							
			U							
			A							
			I							
			S							

SOMOS IGUAIS OU DIFERENTES? COMO SÃO AS PESSOAS COM AS QUAIS VOCÊ CONVIVE?

3 LEIA O POEMA ABAIXO.

NUMERE DE 1 A 4 OS QUADRINHOS AO LADO DE CADA BLOCO DE TEXTO DO POEMA.

Lie Kobayashi/Arquivo da editora

NA MINHA ESCOLA TODO MUNDO É IGUAL

☐ LÁ NA MINHA ESCOLA
NINGUÉM É DIFERENTE
CADA UM TEM O SEU JEITO
O QUE IMPORTA É IR PRA FRENTE

☐ TEM CRIANÇA GORDA, MAGRA,
ALTA, BAIXA, RICA E POBRE
MAS TODAS SÃO IMPORTANTES
COMO PRATA, OURO E COBRE.

☐ TEM NORDESTINO, SULISTA,
CARIOCA E MINEIRO,
AMAZONENSE, GOIANO,
TEM PAULISTA E ESTRANGEIRO

☐ QUE BOM SE TODO MUNDO PUDESSE
ENTENDER DIREITO
QUE TUDO FICA MAIS FÁCIL
SEM O TAL DO PRECONCEITO [...]

ROSSANA RAMOS. **NA MINHA ESCOLA TODO MUNDO É IGUAL.** SÃO PAULO: CORTEZ, 2004. P. 4, 12, 15, 17.

A) COPIE ABAIXO AS DUAS PRIMEIRAS LINHAS DO BLOCO 1.

B) COPIE AS PALAVRAS DO BLOCO 2 QUE DESCREVEM AS DIFERENÇAS ENTRE AS CRIANÇAS.

C) CONVERSE COM OS COLEGAS SOBRE O BLOCO 3 DO POEMA. JUNTOS, PROCUREM SABER SE VOCÊS CONHECEM PESSOAS QUE VIERAM DE OUTROS LUGARES, MAS QUE MORAM NA MESMA CIDADE QUE VOCÊS.

D) O BLOCO 4 FALA DE PRECONCEITO. TER PRECONCEITO É NÃO GOSTAR DO QUE NÃO SE CONHECE DIREITO OU DO QUE É DIFERENTE DE NÓS. DESENHE UMA SITUAÇÃO EM QUE **NÃO** EXISTA PRECONCEITO.

RESPEITO ÀS DIFERENÇAS

VIMOS QUE TODAS AS PESSOAS SÃO DIFERENTES ENTRE SI E QUE TODAS DEVEM SER RESPEITADAS EM SEU MODO DE SER, DE PENSAR, DE SENTIR E DE AGIR.

1 PENSANDO NO QUE VOCÊ JÁ APRENDEU, ESCREVA:

A) DUAS PALAVRAS OU UMA FRASE SOBRE O QUE VOCÊ MAIS GOSTA EM SEUS AMIGOS.

B) DUAS PALAVRAS OU UMA FRASE SOBRE COISAS DE QUE SEU AMIGO GOSTA E VOCÊ NÃO, MAS VOCÊ RESPEITA O GOSTO DELE.

2 PROCURE EM JORNAIS OU REVISTAS E RECORTE:

A) DUAS PALAVRAS QUE COMECEM COM A PRIMEIRA LETRA DA PALAVRA **RESPEITO**.

B) DUAS PALAVRAS QUE COMECEM COM A SEGUNDA LETRA DA PALAVRA **AMIZADE**.

C) COLE AS QUATRO PALAVRAS NO ESPAÇO ABAIXO.

ASSIM TAMBÉM APRENDO

VOCÊ GOSTA DE SORVETE? SERÁ QUE VOCÊ E SEUS COLEGAS GOSTAM DO MESMO SABOR DE SORVETE? VEJA AS PREFERÊNCIAS DAS CRIANÇAS DA IMAGEM ABAIXO.

LILIANA IACOCCA; MICHELE IACOCCA. **O QUE FAZER? FALANDO DE CONVIVÊNCIA**. SÃO PAULO: ÁTICA, 2010. P. 42 E 43.

- CONVERSE COM OS COLEGAS E DESCUBRA O SABOR DE SORVETE DE QUE ELES MAIS GOSTAM.

3 LARA E VÍTOR SÃO BASTANTE DIFERENTES ENTRE SI. ELES TAMBÉM TÊM GOSTOS E PREFERÊNCIAS MUITO DIFERENTES. HOJE EM DIA ELES SÃO BONS AMIGOS. VOCÊ QUER SABER COMO ELES APRENDERAM A SE RESPEITAR E TER BOA CONVIVÊNCIA?

OBSERVE AS ILUSTRAÇÕES DA PÁGINA 3 DO **ÁPIS DIVERTIDO**. ELAS CONTAM A HISTÓRIA DE LARA E VÍTOR, MAS ESTÃO FORA DE ORDEM.

A) DESTAQUE AS FIGURAS DO **ÁPIS DIVERTIDO** E COLE-AS NOS ESPAÇOS ABAIXO, NA SEQUÊNCIA CORRETA.

1

2

3

4

5

6

B) EM GRUPO, INVENTE UMA HISTÓRIA PARECIDA COM A DE LARA E VÍTOR. DEPOIS, COMPARTILHE SUA HISTÓRIA COM SEUS COLEGAS E O PROFESSOR.

4 VAMOS FAZER UMA PESQUISA EM DUPLA. ENTREVISTE SEU COLEGA DE DUPLA PARA SABER DO QUE ELE MAIS GOSTA.

A) PREENCHA O QUADRO ABAIXO COM AS RESPOSTAS DE SEU COLEGA. ELE DEVE FAZER O MESMO COM O QUE VOCÊ CONTAR A ELE.

NOME DO COLEGA: ______________________

QUAIS SÃO AS PREFERÊNCIAS DELE?

COR: ______________________

DOCE: ______________________

COMIDA: ______________________

BRINQUEDO: ______________________

PASSEIO: ______________________

B) ESCREVA ABAIXO AS SUAS RESPOSTAS. CONTORNE AS RESPOSTAS QUE SÃO IGUAIS ÀS DO COLEGA.

QUAIS SÃO SUAS PREFERÊNCIAS?

COR: ______________________

DOCE: ______________________

COMIDA: ______________________

BRINQUEDO: ______________________

PASSEIO: ______________________

C) VOCÊS TÊM MUITAS DIFERENÇAS? CONVERSEM SOBRE ELAS.

HÁBITOS E REGRAS DE CONVÍVIO

HÁ MUITAS ATIVIDADES QUE NÓS REALIZAMOS SEMPRE OU QUASE SEMPRE. ELAS PODEM SER CHAMADAS DE HÁBITOS.

AS PESSOAS TÊM HÁBITOS DIFERENTES. OS HÁBITOS DE UMA PESSOA PODEM MUDAR COM O TEMPO.

O QUE VOCÊ COSTUMA FAZER?

1. PINTE DE **VERDE** OS QUADRINHOS DAS IMAGENS QUE REPRESENTAM ALGUNS DOS SEUS HÁBITOS.

Ruth Jenkinson/Dorling Kindersley/Getty Images

Martin Poole/The Image Bank/Getty Images

Ariel Skelley/Corbis/Latinstock

Monkey Business Images/Shutterstock

Baerbel Schmidt/Taxi/Getty Images

Sergey Novikov/Shutterstock

COTIDIANO

SUGESTÃO DE...
LIVRO
FIM DE SEMANA.
ANA MARIA MACHADO, MODERNA.

TODOS OS DIAS CADA UM DE NÓS REALIZA DIFERENTES ATIVIDADES. MUITAS DELAS REPETIMOS SEMPRE E FAZEM PARTE DO NOSSO COTIDIANO. OUTRAS FAZEMOS SÓ DE VEZ EM QUANDO.

AS CRIANÇAS QUE VIVEM EM ALDEIAS INDÍGENAS TÊM HÁBITOS DIFERENTES DAS CRIANÇAS QUE MORAM NAS CIDADES.

É COMUM NAS ALDEIAS INDÍGENAS AS CRIANÇAS ACORDAREM BEM CEDO, ANTES MESMO DE O SOL APARECER.

ELAS COMEM MANDIOCA, PEIXE E BANANA E DEPOIS VÃO PARA A ESCOLA.

AO VOLTAR, ELAS APRENDEM A SEMEAR, A COLHER, A PESCAR E A FAZER REDES E CESTOS ENQUANTO OBSERVAM OS MAIS VELHOS FAZENDO ESSAS ATIVIDADES.

DURANTE O DIA BRINCAM MUITO E À NOITE OUVEM AS HISTÓRIAS QUE OS ADULTOS CONTAM.

ESSAS SÃO ALGUMAS ATIVIDADES QUE AS CRIANÇAS INDÍGENAS FAZEM TODOS OS DIAS.

1. A MENINA INDÍGENA ACABOU DE SAIR DA ESCOLA E AGORA VAI AJUDAR SEU PAI A PESCAR. MOSTRE O CAMINHO QUE ELA DEVE PERCORRER ATÉ O RIO.

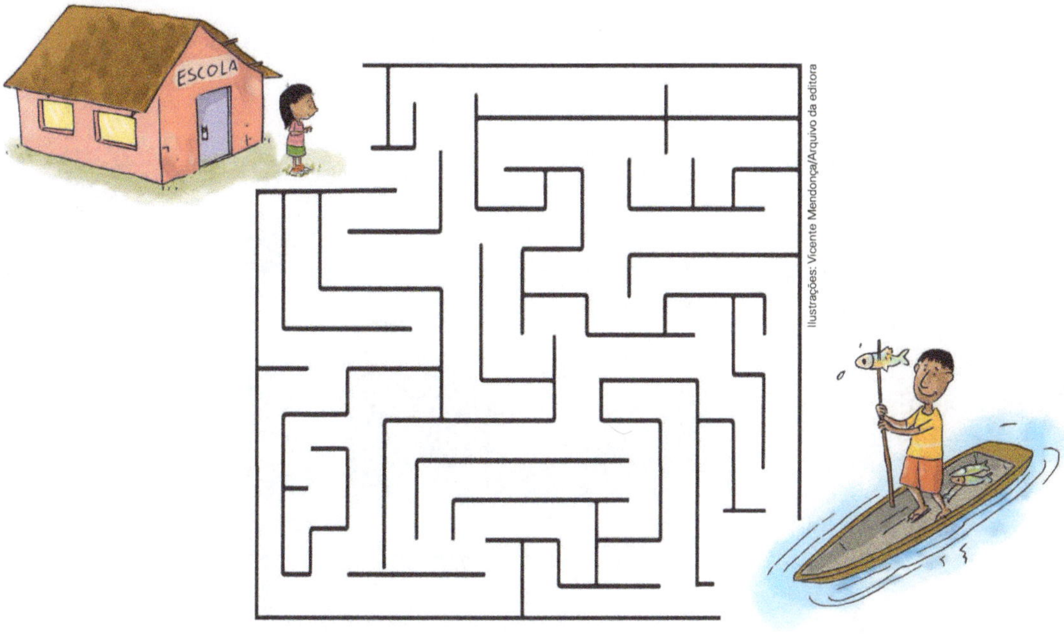

Ilustrações: Vicente Mendonça/Arquivo da editora

2 OBSERVE AS ILUSTRAÇÕES ABAIXO. ELAS MOSTRAM A MESMA CRIANÇA EM ATIVIDADES DIFERENTES. DEPOIS, FAÇA O QUE SE PEDE:

A) ASSINALE COM UM **X** NO QUADRINHO **AZUL** AS ATIVIDADES QUE O MENINO FAZ TODOS OS DIAS.

B) ASSINALE COM UM **X** NO QUADRINHO **VERMELHO** AS ATIVIDADES QUE O MENINO FAZ PREFERENCIALMENTE NOS DIAS EM QUE VAI À ESCOLA.

C) ASSINALE COM UM **X** NO QUADRINHO **VERDE** AS ATIVIDADES QUE O MENINO GERALMENTE FAZ NOS DIAS EM QUE NÃO VAI À ESCOLA.

Ilustrações: Vicente Mendonça/Arquivo da editora

3 AGORA É A SUA VEZ! COMO É O SEU COTIDIANO?

A) DESENHE UMA ATIVIDADE QUE VOCÊ FAZ NOS DIAS EM QUE VAI À ESCOLA.

B) DESENHE UMA ATIVIDADE QUE VOCÊ SÓ FAZ QUANDO NÃO VAI À ESCOLA.

MINHA COLEÇÃO DE PALAVRAS EM HISTÓRIA

A PALAVRA ABAIXO É IMPORTANTE PARA ESTUDAR HISTÓRIA.

COTIDIANO

1. QUAL DAS ATIVIDADES ABAIXO VOCÊ FAZ NO SEU COTIDIANO?

- [ ] IR À ESCOLA
- [ ] ESCOVAR OS DENTES
- [ ] IR À PRAIA
- [ ] BRINCAR COM OS AMIGOS

2. VOCÊ GOSTARIA DE SABER O QUE AS PESSOAS DE OUTRAS ÉPOCAS FAZIAM DIARIAMENTE?

ENQUANTO AS CRIANÇAS VÃO À ESCOLA OU FAZEM OUTRAS ATIVIDADES EM CASA, OS ADULTOS TRABALHAM.

EM UMA FAMÍLIA, ÀS VEZES O PAI, A MÃE OU OUTROS ADULTOS TRABALHAM FORA O DIA TODO. ALÉM DISSO, ELES PRECISAM FAZER MUITAS TAREFAS EM CASA. TUDO ISSO FAZ PARTE DA ROTINA DA FAMÍLIA.

SUGESTÃO DE... LIVRO

EU GRANDE, VOCÊ PEQUENININHO.
LILLI L'ARRONGE, COMPANHIA DAS LETRINHAS.

1 OBSERVE A ROTINA DA FAMÍLIA DO VÍTOR:

Vicente Mendonça/Arquivo da editora

A ROTINA DO PAI DO VÍTOR

DE MANHÃ: LEVANTA CEDO, TOMA BANHO, TOMA CAFÉ COM A ESPOSA E O FILHO, TRABALHA E ALMOÇA NA EMPRESA.

À TARDE: TRABALHA, VAI AO BANCO, PASSA NO SUPERMERCADO E VOLTA PARA CASA.

À NOITE: FAZ GINÁSTICA, CONVERSA COM A MÃE DO VÍTOR, PREPARA O JANTAR, JANTA COM A FAMÍLIA, FAZ TRABALHOS DOMÉSTICOS, LÊ UMA HISTÓRIA PARA VÍTOR E O COLOCA NA CAMA.

Vicente Mendonça/Arquivo da editora

A ROTINA DA MÃE DO VÍTOR

DE MANHÃ: LEVANTA CEDO, TOMA BANHO, ACORDA VÍTOR PARA ELE IR À ESCOLA, TOMA CAFÉ COM O MARIDO E O FILHO, LEVA VÍTOR À ESCOLA E VAI TRABALHAR.

À TARDE: VOLTA PARA CASA, ALMOÇA COM VÍTOR, AJUDA-O NOS DEVERES DE CASA, FAZ TRABALHOS DOMÉSTICOS.

À NOITE: AJUDA VÍTOR A ORGANIZAR A MOCHILA DA ESCOLA, BRINCA COM ELE, JANTA COM A FAMÍLIA, ARRUMA A COZINHA E VAI DAR BOA-NOITE AO FILHO ANTES DE ELE DORMIR.

A) SEU PAI, SUA MÃE E OS OUTROS ADULTOS DA SUA FAMÍLIA TAMBÉM TÊM UMA ROTINA DE TRABALHO E AFAZERES. CONTE AOS COLEGAS COMO É A ROTINA DELES.

B) E COMO É A SUA ROTINA? COM A AJUDA DO PROFESSOR, ESCREVA NO QUADRO ABAIXO O QUE VOCÊ FAZ TODOS OS DIAS E QUAIS SÃO OS SEUS AFAZERES.

A MINHA ROTINA

DE MANHÃ: ______________________

À TARDE: ______________________

À NOITE: ______________________

2 AS PINTURAS ABAIXO RETRATAM DIFERENTES HÁBITOS DAS CRIANÇAS. OBSERVE-AS ATENTAMENTE.

CIRANDA II, DE IVAN CRUZ, 2005. ACRÍLICO SOBRE TELA (30 cm × 40 cm).

A CONTADORA DE HISTÓRIAS, DE HELENA COELHO, 1996. ÓLEO SOBRE TELA (40 cm × 50 cm).

A) DESENHE UM ❤ AO LADO DA PINTURA QUE MOSTRA UMA ATIVIDADE FEITA MAIS POR CRIANÇAS QUE POR ADULTOS.

B) DESENHE UMA ★ NA PINTURA QUE MOSTRA UM HÁBITO OU ATIVIDADE FEITA TANTO POR CRIANÇAS QUANTO POR ADULTOS.

3 VEJA NAS ILUSTRAÇÕES ABAIXO COMO MUITAS PESSOAS TÊM O HÁBITO DE TOMAR CAFÉ DA MANHÃ EM FAMÍLIA. DEPOIS, CADA UM VAI REALIZAR UMA ATIVIDADE DIFERENTE.

Ilustrações: Vicente Mendonça/Arquivo da editora

A) AGORA, NUMERE CADA MEMBRO DA FAMÍLIA DE ACORDO COM O QUE VOCÊ ACHA QUE ELE FAZ APÓS O CAFÉ DA MANHÃ. UTILIZE A NUMERAÇÃO DAS ILUSTRAÇÕES DA PÁGINA ANTERIOR.

☐ AVÔ ☐ FILHA ☐ FILHO

☐ PAI ☐ MÃE ☐ AVÓ

B) QUEM VOCÊ MARCOU QUE VAI:

- PEGAR O ÔNIBUS? ____________________
- ESTUDAR? ____________________
- LER UM LIVRO? ____________________
- FAZER COMPRAS? ____________________
- NADAR? ____________________
- COZINHAR? ____________________

4 DESENHE O QUE VOCÊ FAZ DEPOIS DO CAFÉ DA MANHÃ.

DURANTE A SEMANA	NO FIM DE SEMANA

SAIBA MAIS

PARA CONVIVER EM HARMONIA COM AS OUTRAS PESSOAS, COM NOSSA FAMÍLIA E COM OS COLEGAS DE ESCOLA E O PROFESSOR, É IMPORTANTE LEMBRAR QUE TODOS TÊM OS MESMOS DIREITOS E DEVEM SER RESPEITADOS.

PARA GARANTIR QUE TODOS SEJAM RESPEITADOS EM SEU JEITO DE SER E EM SUAS NECESSIDADES, DEVEMOS RESPEITAR ALGUMAS REGRAS. VEJA ALGUMAS DELAS.

Ilustrações: Vicente Mendonça/Arquivo da editora

1. LEIA AS FRASES ABAIXO E ESCREVA EM CADA LINHA SE A REGRA É DE CASA OU DA ESCOLA OU SE ELA VALE PARA OS DOIS LUGARES.

A) FAZER AS TAREFAS COM ATENÇÃO E CAPRICHO. ______________________

B) COMPARTILHAR LIVROS E OUTROS OBJETOS. ______________________

____

C) JOGAR LIXO NO LIXO. ______________________

D) ESCOVAR OS DENTES. ______________________

E) DORMIR NA HORA CERTA. ______________________

F) ALIMENTAR-SE DE FORMA SAUDÁVEL. ______________________

2. OBSERVE AS ILUSTRAÇÕES DESTA PÁGINA E DA PÁGINA AO LADO. ESCREVA A LETRA DA REGRA NO QUADRINHO DE CADA ILUSTRAÇÃO.

Ilustrações: Vicente Mendonça/Arquivo da editora

3. CONVERSE COM OS COLEGAS E RESPONDA ABAIXO: QUAIS REGRAS APRESENTADAS AJUDAM VOCÊ A MANTER SUA SAÚDE?

____

____

____

____

4. CONTE AOS COLEGAS E AO PROFESSOR QUAIS SÃO AS REGRAS EM SUA CASA.

CAPÍTULO 4

CRIANÇA GOSTA DE BRINCAR

SUGESTÃO DE... LIVRO

MUNDO DE CRIANÇA.
KATIE SAUNDERS, GIRASSOL.

DE QUE MANEIRA VOCÊ SE DIVERTE?

PARA INICIAR

LEIA O POEMA COM O PROFESSOR E, DEPOIS, DISCUTA AS QUESTÕES COM OS COLEGAS.

CORDA

VIRADA PRO ALTO
SE TORNA UM ARCO.
QUANDO ESTÁ POR BAIXO
TEM FORMA DE BARCO.
ESTICADA EM TIRA
É COBRA CAIPIRA.
SINUOSA FITA,
MINHOCA AFLITA.
É PRECISO SALTAR:
O CORPO AGUENTA
DE UM A CINQUENTA
E QUE TAL TENTAR
DE UM ATÉ CEM?
PASSAR DE UM CENTO
EXIGE TALENTO...

CARLOS URBIN; LAURA CASTILHOS.
CORDA. IN: **SACO DE BRINQUEDOS**.
PORTO ALEGRE: PROJETO, 2010. P. 21.

Vicente Mendonça/Arquivo da editora

1. DE QUAL BRINCADEIRA O POEMA TRATA?
2. VOCÊ ACHA QUE TODAS AS CRIANÇAS TÊM TEMPO PARA BRINCAR?

JOGOS E BRINCADEIRAS

SUGESTÃO DE... MÚSICA
NO MAIOR PIQUE.
MARCO AUR, SONY MUSIC.

VOCÊ PASSA ALGUMAS HORAS DO DIA NA ESCOLA. QUANDO VOLTA, VOCÊ FAZ SUAS TAREFAS ESCOLARES, AJUDA EM CASA E BRINCA.

ENQUANTO BRINCA, VOCÊ SE DIVERTE, DESENVOLVE A IMAGINAÇÃO E CONVIVE COM OUTRAS PESSOAS. ALÉM DISSO, BRINCAR FAZ BEM À SAÚDE!

1. OBSERVE AS ILUSTRAÇÕES ABAIXO E PINTE CADA QUADRINHO DE:
   - **AZUL** SE FOR UMA BRINCADEIRA QUE VOCÊ BRINCA COM OUTRAS PESSOAS;
   - **VERMELHO** SE FOR UMA BRINCADEIRA QUE VOCÊ PODE BRINCAR SOZINHO.

☐ BRINCAR DE ESCONDE-ESCONDE

☐ JOGAR BOLINHA DE GUDE.

☐ BRINCAR COM ANIMAL DE ESTIMAÇÃO.

Ilustrações: Vicente Mendonça/Arquivo da editora

☐ JOGAR NO COMPUTADOR.

☐ JOGAR BOLA NO PARQUE.

☐ BRINCAR COM BLOQUINHOS.

2. CONTORNE AS BRINCADEIRAS DE QUE VOCÊ MAIS GOSTA.

VOCÊ PODE BRINCAR EM CASA, NA ESCOLA, NO QUINTAL, EM PARQUES, EM PRAÇAS E, QUANDO POSSÍVEL, NA RUA! ANTIGAMENTE, AS CRIANÇAS COSTUMAVAM BRINCAR FORA DE CASA, EM LUGARES PRÓXIMOS DE SUAS RESIDÊNCIAS. HOJE EM DIA, ISSO ACONTECE MENOS, E É MAIS COMUM NAS CIDADES PEQUENAS.

3 OBSERVE AS FOTOS ABAIXO.

Luiz Alberto Jr./Laeti Images

1

CRIANÇAS JOGAM BOLINHA DE GUDE NO RIO DE JANEIRO, NO ESTADO DO RIO DE JANEIRO. FOTO DE 1940.

Cesar Diniz/Pulsar Imagens

2

CRIANÇAS BRINCAM EM PARQUINHO EM SÃO PAULO, NO ESTADO DE SÃO PAULO, EM 2015.

A) NO LUGAR EM QUE VOCÊ MORA, AS CRIANÇAS PODEM BRINCAR NA RUA OU EM PRAÇAS COMO AS CRIANÇAS DAS FOTOS?

B) VOCÊ CONHECE ESSAS BRINCADEIRAS? JÁ BRINCOU DE ALGUMA DELAS?

MINHA COLEÇÃO DE PALAVRAS EM HISTÓRIA

A PALAVRA NO QUADRO ABAIXO APARECE NESTE CAPÍTULO.

ANTIGAMENTE

1. COM SEUS COLEGAS, CRIE UMA FRASE COM ESSA PALAVRA.

____

____

2. VOCÊ CONHECE ALGUMA BRINCADEIRA DE ANTIGAMENTE?

SAIBA MAIS

KABÁ DAREBU É UM PERSONAGEM CRIADO PELO ESCRITOR INDÍGENA DANIEL MUNDURUKU. LEIA O TEXTO A SEGUIR, NO QUAL O MENINO FALA SOBRE AS BRINCADEIRAS DE SEU POVO.

BRINCADEIRAS INDÍGENAS

NÓS GOSTAMOS DE BRINCAR DE MUITAS COISAS.

OS MENINOS BRINCAM DE ARCO E FLECHA, ESCONDER NA MATA ENQUANTO OS OUTROS PROCURAM, PEGA-PEGA DENTRO DO RIO, SUBIR EM ÁRVORES, PESCARIA, IMITAR OS ADULTOS, JOGAR FUTEBOL.

AS MENINAS GOSTAM DE FAZER BONECAS COM ESPIGAS E FOLHAS DE MILHO, FAZER COMIDA, MEXER COM OS MENINOS, CANTAR E DANÇAR CANTIGAS DE RODA,
SUBIR EM ÁRVORES, NADAR NO RIO.

TODOS NÓS TEMOS ANIMAIS DE ESTIMAÇÃO COM OS QUAIS A GENTE BRINCA A TODA HORA: CACHORRO, PAPAGAIO, MACACO, TUCANO, CUTIA...

Vicente Mendonça/Arquivo da editora

DANIEL MUNDURUKU; MARI THEREZE KOWALCZYK. **KABÁ DAREBU**. SÃO PAULO: BRINQUE-BOOK, 2011.

TROQUE IDEIAS COM SEUS COLEGAS:

A) VOCÊ CONHECE AS BRINCADEIRAS DE KABÁ DAREBU E DOS AMIGOS DELE? DE QUAL DELAS VOCÊ GOSTARIA DE BRINCAR?

B) QUE BRINCADEIRAS VOCÊ GOSTARIA DE ENSINAR A KABÁ DAREBU?

C) O AUTOR DO TEXTO DIZ QUE MENINOS E MENINAS DO POVO MUNDURUKU TÊM BRINCADEIRAS DIFERENTES. O QUE VOCÊ ACHA DISSO?

MUITOS BRINQUEDOS ATUAIS PRECISAM DE ELETRICIDADE PARA FUNCIONAR. ISSO NÃO ACONTECIA CEM ANOS ATRÁS.

4 OBSERVE AS IMAGENS:

Silvano Tomaz/Acervo do artista

MENINO BRINCANDO DE ARRAIA, DE SILVANO TOMAZ ROCHA, 2000. XILOGRAVURA (37 cm × 45 cm).

Reprodução/Museu de Arte de São Paulo Assis Chateaubriand, São Paulo, SP

DOIS MENINOS JOGANDO BILBOQUÊ, DE BELMIRO DE ALMEIDA, 1892. ÓLEO SOBRE TELA (57 cm × 24 cm).

ARRAIA: BRINQUEDO TAMBÉM CONHECIDO COMO PIPA OU PAPAGAIO.

BILBOQUÊ: BRINQUEDO EM QUE UMA BOLA DE MADEIRA COM UM FURO FICA AMARRADA A UM BASTÃO.

João Prudente/Pulsar Imagens

VISITANTES FREQUENTAM PARQUE DE DIVERSÕES EM CALDAS NOVAS, ESTADO DE GOIÁS. FOTO DE 2015.

MilicaStankovic/iStock/Getty Images

CRIANÇAS JOGANDO *VIDEOGAME* EM SÃO PAULO, ESTADO DE SÃO PAULO. FOTO DE 2014.

- OBSERVE NOVAMENTE AS FOTOS ACIMA E ASSINALE COM UM **X** OS QUADRINHOS DOS BRINQUEDOS QUE PRECISAM DE ELETRICIDADE PARA FUNCIONAR.

5 CONVERSE COM OS COLEGAS:

A) VOCÊ COSTUMA USAR BRINQUEDOS QUE PRECISAM DE ENERGIA ELÉTRICA PARA FUNCIONAR? QUAIS?

B) COM QUAIS BRINQUEDOS VOCÊ BRINCA QUANDO NÃO HÁ ENERGIA ELÉTRICA?

MUITOS JOGOS E BRINQUEDOS SÃO SIMPLES E BARATOS E PODEM SER FEITOS PELAS PRÓPRIAS CRIANÇAS.

UM EXEMPLO É O JOGO MANCALA, UM DOS MAIS ANTIGOS DO MUNDO. ELE SE ORIGINOU PROVAVELMENTE NO ANTIGO EGITO. COM O TEMPO, ESPALHOU-SE PELO CONTINENTE AFRICANO. AINDA HOJE É JOGADO EM PAÍSES COMO NIGÉRIA, SUDÃO, SENEGAL, GANA E QUÊNIA.

SUGESTÃO DE...
LIVRO
O GRANDE DIA. PATRÍCIA ENGEL SECCO, MELHORAMENTOS.

OS TABULEIROS DO JOGO MANCALA PODEM SER FEITOS DE DIFERENTES MATERIAIS: MADEIRA, PLÁSTICO, PAPELÃO E ATÉ OURO. PODEM TAMBÉM SER ESCAVADOS NA AREIA. AS PEÇAS USADAS SÃO, EM GERAL, SEMENTES. O MOVIMENTO DAS PEÇAS NO JOGO MANCALA REPRESENTA A **SEMEADURA**.

SEMEADURA: ATIVIDADE DE PLANTAR, COLOCANDO A SEMENTE NA TERRA PARA QUE ELA GERMINE.

Eye Ubiquitous/Newscom/Fotoarena

CRIANÇAS BRINCANDO DE MANCALA NO ZIMBÁBUE, 2014.

6 PERGUNTE AO SEU AVÔ, À SUA AVÓ OU A OUTRA PESSOA IDOSA QUAIS ERAM AS BRINCADEIRAS OU OS BRINQUEDOS MAIS POPULARES QUANDO ELES ERAM CRIANÇAS. ANOTE QUATRO NOMES EM UMA FOLHA SEPARADA E APRESENTE AO PROFESSOR.

CRIANÇA NÃO TRABALHA

ALGUMAS CRIANÇAS NÃO BRINCAM NEM ESTUDAM PORQUE TRABALHAM PARA AJUDAR A FAMÍLIA. OUTRAS VIVEM NAS RUAS DAS GRANDES CIDADES DO BRASIL PORQUE NÃO POSSUEM FAMÍLIA. OUTRAS AINDA PASSAM O DIA TODO NA RUA E VOLTAM PARA CASA APENAS À NOITE.

O TRABALHO INFANTIL FOI PERMITIDO DURANTE UM TEMPO EM ALGUNS PAÍSES. HOJE, O TRABALHO PARA JOVENS MENORES DE 16 ANOS É PROIBIDO POR LEI NO BRASIL.

COLABORAR NAS TAREFAS DA CASA É MUITO DIFERENTE DE TRABALHAR PARA AJUDAR NO SUSTENTO DA FAMÍLIA. VEJA ESTAS FOTOS:

Dirceu Portugal/Fotoarena

Hans Von Manteuffel/Opção Brasil Imagens

Marcos André/Opção Brasil Imagens

1. RESPONDA COM OS NÚMEROS DAS FOTOS:

A) QUE CRIANÇA(S) ESTÁ(ÃO) AJUDANDO NAS TAREFAS DE CASA?

____

B) QUE CRIANÇA(S) ESTÁ(ÃO) TRABALHANDO PARA GANHAR DINHEIRO?

____

2 ESCREVA O QUE VOCÊ COSTUMA FAZER PARA COLABORAR COM SUA FAMÍLIA NAS TAREFAS DOMÉSTICAS.

3 OBSERVE A FOTO ABAIXO.

Robson Ventura/Folhapress

FAMÍLIA EM SITUAÇÃO DE RUA EM SÃO PAULO, ESTADO DE SÃO PAULO, 2017.

- CONVERSE COM OS COLEGAS: NA CIDADE ONDE VOCÊS VIVEM HÁ CRIANÇAS QUE MORAM NAS RUAS?

4 AS CRIANÇAS QUE VIVEM NA RUA SÃO COMO TODAS AS OUTRAS. ELAS TAMBÉM BRINCAM E TÊM AMIGOS. VEJA ALGUMAS BRINCADEIRAS DELAS:

BRINCAR DE PEGA-PEGA E VIVO OU MORTO.

JOGAR BOLA NA RUA. NA FALTA DE UMA BOLA DE VERDADE, ELAS ENCHEM DE AR SACOLAS DE PLÁSTICO E AMARRAM AS ALÇAS.

BRINCAR DE ESCONDE-ESCONDE.

A) TROQUE IDEIAS COM SEUS COLEGAS: VOCÊS TAMBÉM BRINCAM DESSAS BRINCADEIRAS? QUAIS?

B) ESCREVA AQUI DE QUAL DESSAS BRINCADEIRAS VOCÊ GOSTA MAIS.

A HORA DE BRINCAR É IMPORTANTE, MAS TODOS DEVEM AJUDAR OS FAMILIARES E OS COLEGAS NAS TAREFAS.

5 LEIA, COM A AJUDA DO PROFESSOR, A FÁBULA ABAIXO.

A GALINHA RUIVA

UMA GALINHA, DE PENAS BEM VERMELHAS, PEDIU AJUDA DE SEUS AMIGOS RATO E PATO PARA PLANTAR, REGAR, COLHER O TRIGO E FAZER FARINHA.

MAS OS AMIGOS PREFERIRAM IR BRINCAR. SEM AJUDA DE NINGUÉM, A GALINHA FEZ TODO O TRABALHO. DEPOIS, ELA FEZ UM BOLO E O PÔS PARA ASSAR.

QUANDO O BOLO FICOU PRONTO TODOS QUISERAM PROVAR, MAS A GALINHA NÃO DEIXOU E FOI LANCHAR SOZINHA.

DOMÍNIO POPULAR.

Vicente Mendonça/Arquivo da editora

A) INDIQUE COM UM **X** OS AMIGOS DA GALINHA.

☐ PATO	☐ CACHORRO	☐ RATO
☐ GATO	☐ PAPAGAIO	☐ PERU

B) CONVERSE COM SEUS COLEGAS PARA VER SE TODOS ENTENDERAM A HISTÓRIA COMO VOCÊ:

- O QUE ACONTECEU NO INÍCIO DA HISTÓRIA?
- O QUE ACONTECEU NO MEIO DA HISTÓRIA?
- O QUE ACONTECEU NO FINAL DA HISTÓRIA?

C) NOS QUADRINHOS ABAIXO, NUMERE A ORDEM EM QUE ACONTECERAM AS CENAS DA HISTÓRIA **A GALINHA RUIVA**.

☐ ☐ ☐

Ilustrações: Vicente Mendonça/Arquivo da editora

D) A GALINHA NÃO REPARTIU O BOLO COM OS AMIGOS. VOCÊ ACHA QUE ELA AGIU CERTO? POR QUÊ?

E) DESENHE NO ESPAÇO ABAIXO COMO TERMINARIA A HISTÓRIA SE O PATO E O RATO TIVESSEM AJUDADO A GALINHA.

DE OLHO NA IMAGEM

AS CRIANÇAS DE TODO O MUNDO POSSUEM DIREITOS QUE PRECISAM SER RESPEITADOS PELOS PAÍSES EM QUE ELAS VIVEM.

INFELIZMENTE, ESSES DIREITOS NÃO SÃO RESPEITADOS EM MUITOS LUGARES.

LEIA A SEGUIR ALGUNS DESSES DIREITOS:

- IGUALDADE, INDEPENDENTEMENTE DE RAÇA, RELIGIÃO, PAÍS E GÊNERO.
- PODER CRESCER E SE DESENVOLVER COM SAÚDE.
- ALIMENTAÇÃO ADEQUADA, MORADIA E ASSISTÊNCIA MÉDICA.
- UM NOME E UMA NACIONALIDADE.
- ACESSO A TRATAMENTO, SE FOR UMA CRIANÇA QUE PRECISA DE CUIDADOS ESPECIAIS.
- AMOR E COMPREENSÃO.
- ESCOLA, BRINCADEIRAS E DESCANSO.
- AJUDA IMEDIATA EM CASO DE CATÁSTROFE OU EMERGÊNCIA.
- PROTEÇÃO CONTRA PERSEGUIÇÃO.
- PROTEÇÃO CONTRA CRUELDADE E DESCUIDO.

ORGANIZAÇÃO DAS NAÇÕES UNIDAS. CONVENÇÃO SOBRE OS DIREITOS DA CRIANÇA. DISPONÍVEL EM: <www.unicef.pt>. ACESSO EM: 28 JUN. 2017. (ADAPTADO.)

1 OBSERVE AS PINTURAS ABAIXO E LEIA AS LEGENDAS.

- QUAIS DIREITOS DAS CRIANÇAS PODEMOS ASSOCIAR ÀS PINTURAS? ESCREVA O DIREITO ABAIXO DE CADA IMAGEM.

Oscar Pereira da Silva/Museu Nacional de Belas Artes, Rio de Janeiro.

A PALAVRA AOS SURDOS-MUDOS, DE OSCAR PEREIRA DA SILVA, 1886. ÓLEO SOBRE TELA (54 cm × 45 cm).

Diego Rivera/Universidade da Califórnia, Estados Unidos.

FAZENDO TORTILHAS, DE DIEGO RIVERA, 1926. ÓLEO SOBRE TELA (126 cm × 114 cm).

2 RESPONDA:

A) O QUE A PRIMEIRA PINTURA REPRESENTA?

B) O QUE A SEGUNDA PINTURA REPRESENTA?

3 TROQUE IDEIAS COM SEUS COLEGAS: VOCÊ TEM TODOS ESSES DIREITOS RESPEITADOS NA SUA VIDA?

O QUE ESTUDAMOS

EU ESCREVO E APRENDO

FOLHEIE AS PÁGINAS ANTERIORES E RELEMBRE O QUE ESTUDOU. DEPOIS, ESCREVA NAS LINHAS ABAIXO UMA PALAVRA OU UMA FRASE SOBRE ALGO QUE VOCÊ APRENDEU NESTA UNIDADE E QUE ANTES NÃO SABIA.

CAPÍTULO 3 – A CONVIVÊNCIA

____

____

____

CAPÍTULO 4 – CRIANÇA GOSTA DE BRINCAR

____

____

____

MINHA COLEÇÃO DE PALAVRAS EM HISTÓRIA

EM CADA CAPÍTULO DESTA UNIDADE HÁ, UMA PALAVRA DESTACADA PARA A **MINHA COLEÇÃO DE PALAVRAS EM HISTÓRIA**. SÃO PALAVRAS COMUNS EM TEXTOS DE HISTÓRIA E VÃO AJUDAR VOCÊ A COMPREENDER MELHOR TODOS ELES.
VEJA ESSAS PALAVRAS NO QUADRO AO LADO.

COTIDIANO, PÁGINA 55.

ANTIGAMENTE, PÁGINA 64.

1. O QUE VOCÊ APRENDEU COM ESSAS DUAS PALAVRAS? DISCUTA COM OS COLEGAS.
2. NO CADERNO, ESCREVA ESSAS DUAS PALAVRAS E FAÇA UM DESENHO OU UMA COLAGEM PARA CADA UMA DELAS. O SIGNIFICADO DO DESENHO DEVE ESTAR LIGADO AO QUE VOCÊ APRENDEU NO CAPÍTULO.

EU DESENHO E APRENDO

NESTA ATIVIDADE, VOCÊ VAI UTILIZAR A **LINGUAGEM GRÁFICA** PARA RETOMAR O QUE ESTUDOU NA UNIDADE. PARA CADA CAPÍTULO, FAÇA UM DESENHO DO QUE VOCÊ COMPREENDEU OU ACHOU IMPORTANTE ESTUDAR. SE PREFERIR, FAÇA UMA COLAGEM.

CAPÍTULO 3

A CONVIVÊNCIA

CAPÍTULO 4

CRIANÇA GOSTA DE BRINCAR

HORA DE ORGANIZAR O QUE ESTUDAMOS

ACEITAR E RESPEITAR AS PESSOAS COMO ELAS SÃO É IMPORTANTE PARA TERMOS AMIGOS E CONVIVERMOS BEM COM NOSSA FAMÍLIA E OS COLEGAS DA ESCOLA.

Ilustrações: Vicente Mendonça/Arquivo da editora

AS ATIVIDADES QUE REALIZAMOS COM FREQUÊNCIA PODEM SER CHAMADAS DE HÁBITOS. AS PESSOAS POSSUEM HÁBITOS DIFERENTES.

O RESPEITO É FUNDAMENTAL PARA UMA BOA CONVIVÊNCIA.

ALÉM DE SEREM DIVERTIDAS, AS BRINCADEIRAS DESENVOLVEM A CRIATIVIDADE, A CONVIVÊNCIA COM OS OUTROS E O RESPEITO ÀS REGRAS.

Ariel Skelley/Corbis/Latinstock

TODA CRIANÇA TEM DE ESTUDAR, BRINCAR E PODE AJUDAR NAS TAREFAS DA CASA. PORÉM, AINDA HOJE HÁ CRIANÇAS QUE TRABALHAM. O TRABALHO INFANTIL É PROIBIDO POR LEI.

Monkey Business Images/Shutterstock

COMO TODAS AS PESSOAS, AS CRIANÇAS SÃO DIFERENTES ENTRE SI E DEVEM SER RESPEITADAS.

PARA REFLETIR E CONVERSAR

- VOCÊ TEVE DIFICULDADE PARA ENTENDER ALGUMA ATIVIDADE OU ALGUMA EXPLICAÇÃO?
- NO DIA A DIA, O QUE VOCÊ COSTUMA FAZER PARA TER UMA BOA CONVIVÊNCIA EM FAMÍLIA E COM OS COLEGAS DA ESCOLA?
- QUANDO VOCÊ E UM AMIGO NÃO QUEREM BRINCAR DA MESMA BRINCADEIRA OU PENSAM DIFERENTE, COMO VOCÊS RESOLVEM O CONFLITO?

GLOSSÁRIO

Delfim Martins/Tyba

INDÍGENAS DO POVO KALAPALO DANÇAM NO RITUAL DA MANIAKA MURASI NA ALDEIA MOIKARAÔ, EM SÃO FÉLIX DO XINGU, PARÁ. FOTO DE 2016.

A

ALDEIA INDÍGENA PÁGINA 53

LOCAL ONDE VIVEM OS POVOS INDÍGENAS. AS HABITAÇÕES SÃO FEITAS DE PALHA, MADEIRA OU FIBRAS VEGETAIS E PODEM TER VÁRIOS FORMATOS, DEPENDENDO DOS COSTUMES DO POVO INDÍGENA.

ARQUITETO PÁGINA 26

PROFISSIONAL QUE PLANEJA UMA OBRA, FAZ OS DESENHOS E ESCOLHE OS MATERIAIS PARA SUA CONSTRUÇÃO.

C

CIRANDA PÁGINA 18

DANÇA DE RODA, TAMBÉM CHAMADA CIRANDINHA. É UMA BRINCADEIRA DE CRIANÇAS MUITO COMUM EM ALGUMAS REGIÕES DO BRASIL. A CIRANDA FOI TRAZIDA DE PORTUGAL PARA O BRASIL.

E

ESTRANGEIRO PÁGINA 46

PESSOA QUE É DE OUTRO PAÍS.

F

FESTA JUNINA PÁGINA 36

FESTIVIDADES DA IGREJA CATÓLICA QUE COMEMORAM OS DIAS DE SANTO ANTÔNIO, EM 13 DE JUNHO; SÃO JOÃO, EM 24 DE JUNHO; E SÃO PEDRO, EM 29 DE JUNHO.

Rubens Chaves/Pulsar Imagens

FESTA JUNINA EM CAMPINA GRANDE, NA PARAÍBA. FOTO DE 2015.

H

HÁBITO PÁGINA 52

ATO QUE SE REPETE REGULARMENTE. USO, COSTUME.

Ruth Jenkinson/Dorling Kindersley/Getty Images

P

POVO MUNDURUKU PÁGINA 65

POVO INDÍGENA QUE VIVE NAS REGIÕES DE FLORESTAS, ÀS MARGENS DE RIOS, NOS ESTADOS DO AMAZONAS, DO PARÁ E DE MATO GROSSO, NO NORTE E NO CENTRO-OESTE DO BRASIL.

Vicente Mendonça/Arquivo da editora

R

ROTINA PÁGINA 56

CONJUNTO DAS AÇÕES QUE REPETIMOS TODOS OS DIAS.

BIBLIOGRAFIA

NESTA BIBLIOGRAFIA NÃO CONSTAM AS REFERÊNCIAS DE ALGUNS LIVROS DOS QUAIS FORAM TRANSCRITOS TRECHOS AO LONGO DOS CAPÍTULOS. CITAMOS AS REFERÊNCIAS NOS PRÓPRIOS TEXTOS POR SE TRATAR DE FONTES DE LEITURA COMPLEMENTARES.

BITTENCOURT, CIRCE (ORG.). **O SABER HISTÓRICO NA SALA DE AULA**. SÃO PAULO: CONTEXTO, 2006.

BOSI, ECLÉA. **MEMÓRIA E SOCIEDADE**: LEMBRANÇAS DE VELHOS. SÃO PAULO: COMPANHIA DAS LETRAS, 2006.

BRASIL. **ESTATUTO DA CRIANÇA E DO ADOLESCENTE**. LEI N. 8 069, DE 13 DE JULHO DE 1990, PUBLICADA NO DIÁRIO OFICIAL DA UNIÃO DE 16 DE JULHO DE 1990.

______. MINISTÉRIO DA EDUCAÇÃO. SECRETARIA DE EDUCAÇÃO BÁSICA. **BASE NACIONAL COMUM CURRICULAR** – EDUCAÇÃO É A BASE. BRASÍLIA, 2018.

CALDEIRA, JORGE. **VIAGEM PELA HISTÓRIA DO BRASIL**. SÃO PAULO: COMPANHIA DAS LETRAS, 1999.

CASCUDO, LUÍS DA CÂMARA. **DICIONÁRIO DO FOLCLORE BRASILEIRO**. SÃO PAULO: GLOBAL, 2001.

DUMONT, SAVIA. **O BRASIL EM FESTA**. SÃO PAULO: COMPANHIA DAS LETRINHAS, 2008.

FRIEDMANN, ADRIANA. **BRINCAR**: CRESCER E APRENDER – O RESGATE DO JOGO INFANTIL. SÃO PAULO: MODERNA, 1996.

KARNAL, LEANDRO. **HISTÓRIA NA SALA DE AULA**. SÃO PAULO: CONTEXTO, 2008.

MARTINS, ÂNGELA (COORD. GERAL); ABUD, KÁTIA MARIA. (COORD. TÉCNICA). **A CRIANÇA E O TEMPO**. SÃO PAULO: FDE, 1994.

NADAI, ELZA; BITTENCOURT, CIRCE. REPENSANDO A NOÇÃO DE TEMPO HISTÓRICO NO ENSINO. IN: PINSKY, JAIME. **O ENSINO DE HISTÓRIA E A CRIAÇÃO DO FATO**. SÃO PAULO: CONTEXTO, 2001.

NOVAIS, FERNANDO A. (ORG.). **HISTÓRIA DA VIDA PRIVADA NO BRASIL**. SÃO PAULO: COMPANHIA DAS LETRAS, 2007. 4 V.

PAULA, EUNICE DIAS DE ET AL. **HISTÓRIA DOS POVOS INDÍGENAS**: 500 ANOS DE LUTA NO BRASIL. PETRÓPOLIS: VOZES/CIMI, 2001.

POZO, JUAN IGNACIO. **A SOLUÇÃO DE PROBLEMAS**. PORTO ALEGRE: ARTMED, 1998.

SILVA, ARACY LOPES DA; GRUPIONI, LUÍS DONISETE BENZI. **A TEMÁTICA INDÍGENA NA ESCOLA. NOVOS SUBSÍDIOS PARA PROFESSORES DE 1º E 2º GRAUS**. BRASÍLIA: MEC/MARI/UNESCO, 1995.

SILVA, MARIA ALICE SETÚBAL ET AL. **MEMÓRIAS E BRINCADEIRAS NA CIDADE DE SÃO PAULO NAS PRIMEIRAS DÉCADAS DO SÉCULO XX**. SÃO PAULO: CORTEZ/CENPEC, 1989.

VIEIRA, MARIA DO PILAR DE ARAÚJO ET AL. **A PESQUISA EM HISTÓRIA**. SÃO PAULO: ÁTICA, 2008.

ZAMBONI, ERNESTA. O ENSINO DA HISTÓRIA E A CONSTRUÇÃO DA IDENTIDADE. **REVISTA HISTÓRIA**. SÃO PAULO: SECRETARIA DA EDUCAÇÃO DO ESTADO DE SÃO PAULO, COORDENADORIA DE ESTUDOS E NORMAS PEDAGÓGICAS, 1993 (SÉRIE ARGUMENTO).

SITES

<http://turmadamonica.uol.com.br>

<www.brasilzinho.com.br>

<www.dominiopublico.gov.br> (biblioteca digital)

<www.funai.gov.br>

<www.museudoindio.gov.br>

<www.tremencantado.com.br>

(ACESSO EM: JAN. 2020.)

Projeto Ápis

CADERNO DE ATIVIDADES

HISTÓRIA

1º ANO
Ensino Fundamental

NOME: ____________________ TURMA: __________

ESCOLA: ____________________

editora ática

Sumário

Rodrigo Paschoal/Arquivo da editora

UNIDADE

1 O MEU MUNDO PESSOAL

1 NA ESCOLA DE ALICE, CADA ALUNO DESENHOU ALGUNS FATOS IMPORTANTES QUE ACONTECERAM DESDE O SEU NASCIMENTO. VEJA COMO FICOU A HISTÓRIA EM QUADRINHOS DELA.

Ilustrações: Vanessa Alexandre/Arquivo da editora

ANO DE NASCIMENTO – 2013	COM 1 ANO DE IDADE – 2014

COM 2 ANOS DE IDADE – 2015	COM 3 ANOS DE IDADE – 2016

COM 4 ANOS DE IDADE – 2017	COM 5 ANOS DE IDADE – 2018

COM 6 ANOS DE IDADE – 2019	COM 7 ANOS DE IDADE – 2020

- AGORA É A SUA VEZ! DESENHE SUA HISTÓRIA NOS QUADRINHOS A SEGUIR. CASO NÃO SE LEMBRE DE ALGO, APROVEITE PARA CONVERSAR COM FAMILIARES. ASSIM, VOCÊ PODERÁ RELEMBRAR E DESCOBRIR ACONTECIMENTOS MARCANTES DE SUA VIDA.

ANO DE NASCIMENTO	COM 1 ANO DE IDADE
COM 2 ANOS DE IDADE	COM 3 ANOS DE IDADE

COM 4 ANOS DE IDADE	COM 5 ANOS DE IDADE
COM 6 ANOS DE IDADE	COM 7 ANOS DE IDADE

2 OBJETOS PODEM MARCAR FASES E ACONTECIMENTOS DE NOSSAS VIDAS E NOS AJUDAM A RECORDAR MOMENTOS GUARDADOS EM NOSSA MEMÓRIA.

A) CONVERSE COM UM FAMILIAR E PERGUNTE QUE OBJETOS MARCARAM A VIDA DELE QUANDO TINHA A SUA IDADE. PEÇA A ELE QUE CONTE A VOCÊ ALGUMAS LEMBRANÇAS QUE ESSES OBJETOS TRAZEM E, SE POSSÍVEL, QUE MOSTRE UM DOS OBJETOS A VOCÊ.

B) EM SEGUIDA, DESENHE ESSE OBJETO NO ESPAÇO ABAIXO E ESCREVA, DO JEITO QUE VOCÊ SOUBER, O NOME DELE.

3 OBSERVE SEU ROSTO NO ESPELHO. HÁ ALGUMA PARTE DELE QUE VOCÊ NÃO SABE O NOME? SE TIVER, PERGUNTE A ALGUM FAMILIAR QUE MORE COM VOCÊ.

AGORA, CRIE SEU AUTORRETRATO. VOCÊ PODE DESENHAR, USAR COLAGENS, CORES E MATERIAIS VARIADOS. SOLTE A IMAGINAÇÃO!

4 NUMERE OS ACONTECIMENTOS NA ORDEM EM QUE ACONTECERAM. ESCREVA OS NÚMEROS DO MODO QUE VOCÊ SOUBER.

As imagens não estão representadas em proporção.

FASES DA VIDA DE UM CACHORRO.

iamice68/Shutterstock

OK_Gaffer/iStock/Getty Images

Charles Mann/iStock/Getty Images

FASES DA VIDA DE UMA PLANTA.

Fabio Colombini/Acervo do fotógrafo

Fabio Colombini/Acervo do fotógrafo

rsooll/Shutterstock

FASES DA VIDA DE UMA AVE.

Anneka/Shutterstock

Evgeniy1/iStock/Getty Images

suriya silsaksom/iStock/Getty Images

- QUAL É O NOME DA FASE DA VIDA EM QUE VOCÊ SE ENCONTRA? COMPLETE AS LETRAS QUE FALTAM.

__ NFÂNC __ __

5 TODAS ESTAS FOTOGRAFIAS MOSTRAM CRIANÇAS BRINCANDO. OBSERVE CADA UMA DELAS EM TODOS OS SEUS DETALHES E CIRCULE AQUELAS QUE APRESENTAM AS CRIANÇAS DE ANTIGAMENTE.

FG Trade/E+/Getty Images

Gerson Gerloff/Pulsar Imagens

George Marks/Getty Images

Reprodução/Museu da Pessoa, São Paulo, SP

oes/Shutterstock

Shanina/iStock/Getty Images

A) FAÇA UM **X** NA FOTOGRAFIA QUE MOSTRA A CRIANÇA QUE VOCÊ ACHOU MAIS PARECIDA COM VOCÊ E UMA BOLINHA NAQUELA QUE VOCÊ ACHOU MAIS DIFERENTE DE VOCÊ.

B) OBSERVE E COMPARE NOVAMENTE AS FOTOGRAFIAS. O QUE TODAS ESSAS CRIANÇAS TÊM EM COMUM?

UNIDADE 2

OS MEUS GRUPOS DE CONVIVÊNCIA

1 OBSERVE AS IMAGENS A SEGUIR. ELAS MOSTRAM ACONTECIMENTOS NA VIDA DE IARA, MAS ESTÃO FORA DE ORDEM.

Ilustrações: Vanessa Alexandre/Arquivo da editora

A) DE ACORDO COM AS LEGENDAS, NUMERE AS CENAS NA ORDEM EM QUE ACONTECERAM.

- [6] IR A UMA FESTA DE ANIVERSÁRIO
- [5] IR AO CINEMA
- [1] HORA DE ACORDAR
- [9] HORA DE DORMIR
- [8] LER UM LIVRO
- [3] ESCOVAR O CABELO
- [7] TOMAR BANHO
- [4] ANDAR DE BICICLETA
- [2] TOMAR CAFÉ DA MANHÃ

B) ALGUNS ACONTECIMENTOS REPRESENTADOS FAZEM PARTE DO COTIDIANO DE IARA. CIRCULE QUAIS SÃO ELES.

C) IR À ESCOLA TAMBÉM FAZ PARTE DO COTIDIANO DE IARA. CIRCULE SOMENTE AQUILO QUE ELA USA NO DIA A DIA DA ESCOLA.

MeteeChaicharoen/Shutterstock

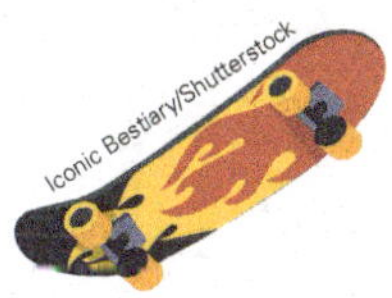
Iconic Bestiary/Shutterstock
Zonda/Shutterstock

Nicholas 852/Shutterstock

89studio/Shutterstock

timquo/Shutterstock

D) NO SEU COTIDIANO, O QUE VOCÊ FAZ ANTES E DEPOIS DE IR À ESCOLA? EM CADA QUADRO, FAÇA UM DESENHO OU RECORTE E COLE IMAGENS PARA REPRESENTAR ESSAS ATIVIDADES.

2 COM O APOIO DO PROFESSOR OU DE UM FAMILIAR QUE MORE COM VOCÊ, LEIA O TEXTO ABAIXO. DEPOIS RESPONDA ÀS QUESTÕES.

Cassandra Cury/Pulsar Imagens

CRIANÇA INDÍGENA DO POVO KAXINAWÁ APRENDE A COLHER PLANTAS NA ALDEIA NOVO SEGREDO, LOCALIZADA NO MUNICÍPIO DE JORDÃO, NO ESTADO DO ACRE. FOTO DE 2016.

JEITOS DE APRENDER

AS CRIANÇAS INDÍGENAS, POR EXEMPLO, APRENDEM MUITA COISA COM SEUS PAIS E PARENTES MAIS PRÓXIMOS, COMO OS IRMÃOS E OS AVÓS. [...]

É PRINCIPALMENTE NA RELAÇÃO COM SEUS PARENTES QUE AS CRIANÇAS APRENDEM. CAMINHAM JUNTO COM ELES, OBSERVAM ATENTAMENTE AQUILO QUE OS MAIS VELHOS ESTÃO FAZENDO OU DIZENDO; ACOMPANHAM SEUS PAIS ATÉ A ROÇA; VÃO PESCAR COM OS ADULTOS E BRINCAM MUITO! CADA BRINCADEIRA É UM JEITO DE APRENDER UMA HABILIDADE QUE SERÁ IMPORTANTE NO FUTURO, COMO SABER CAÇAR, PESCAR, FAZER PINTURAS NO CORPO, FABRICAR ARCOS E FLECHAS, POTES, CESTOS... [...]

NA CONVIVÊNCIA COM OS MAIS VELHOS, APRENDE-SE O JEITO [...] DE SE COMPORTAR E DE SE RELACIONAR COM TODOS DA FAMÍLIA E DO GRUPO. [...]

DISPONÍVEL EM: <https://mirim.org/como-vivem/aprender>. ACESSO EM: 1º OUT. 2019.

A) QUAL É O ASSUNTO DO TEXTO?

- [ ] AS CRIANÇAS INDÍGENAS E SEUS PARENTES.
- [ ] OS MODOS COMO AS CRIANÇAS INDÍGENAS APRENDEM.

B) VOCÊ JÁ APRENDEU ALGUMA COISA COM ALGUÉM DA SUA FAMÍLIA? O QUÊ? QUEM ENSINOU VOCÊ? FAÇA UM DESENHO PARA REPRESENTAR O QUE VOCÊ APRENDEU COM ESSA PESSOA.

C) COMPLETE A FRASE UTILIZANDO AS PALAVRAS DO QUADRO.

CONVIVEMOS AS PESSOAS APRENDEMOS

AO LONGO DA VIDA, ______________________ MUITO COM ______________________ COM AS QUAIS ______________________.

3 NENHUMA CRIANÇA PODE TRABALHAR, MAS TODAS PODEM CONTRIBUIR COM OS CUIDADOS COM A MORADIA. PINTE DE VERMELHO OS QUADRINHOS DAS FOTOGRAFIAS QUE MOSTRAM CRIANÇAS TRABALHANDO E DE AZUL, AQUELES EM QUE CRIANÇAS ESTÃO COLABORANDO NAS TAREFAS DOMÉSTICAS.

HTWE/Shutterstock

Orange Line Media/Shutterstock

Fernando Favoretto/Criar Imagem

Joa Souza/Shutterstock

Cesar Diniz/Pulsar Imagens

Fabio Colombini/Acervo do fotógrafo

4 PESQUISE, RECORTE E COLE IMAGENS PARA REPRESENTAR OS DIREITOS DAS CRIANÇAS.

JOGO DOS 7 ERROS

BRINCAR É UM DOS DIREITOS DAS CRIANÇAS, NÃO É MESMO? ESSAS CENAS SÃO PARECIDAS, MAS NÃO IDÊNTICAS. MARQUE AS DIFERENÇAS COM UM **X** NA SEGUNDA CENA.

Vanessa Alexandre/Arquivo da editora

Projeto Ápis

ÁPIS DIVERTIDO

1º ANO
Ensino Fundamental

HISTÓRIA

ESTE MATERIAL PODERÁ SER DESTACADO E USADO PARA AUXILIAR O ESTUDO DE ALGUNS ASSUNTOS VISTOS NO LIVRO.

NOME: ______________________ TURMA: __________

ESCOLA: ______________________

editora ática

ATIVIDADE (PÁGINA 12 DO LIVRO DO ALUNO)

Ilustrações: Vicente Mendonça/Arquivo da editora

ATIVIDADE (PÁGINA 50 DO LIVRO DO ALUNO)

JOGO DO DIA A DIA

DESTAQUE AS CARTAS DESTA PÁGINA E DAS PÁGINAS A SEGUIR PARA BRINCAR COM O **JOGO DO DIA A DIA**.

Ilustrações: Adilson Farias/Arquivo da editora

OS TABULEIROS E AS REGRAS DOS JOGOS ESTÃO NO FINAL DO **ÁPIS DIVERTIDO**.

JOGO DO DIA A DIA

Ilustrações: Adilson Farias/Arquivo da editora

JOGO DO DIA A DIA

Ilustrações: Adilson Farias/Arquivo de editora

USE OS CARTÕES ABAIXO PARA ESCREVER BILHETINHOS AOS COLEGAS.

JOGO DO BAÚ DO TEMPO

ANTES DE COMEÇAR O JOGO, DESTAQUE AS FICHAS QUE SERÃO UTILIZADAS COMO PEÕES PARA OS JOGADORES SE MOVEREM PELO TABULEIRO DO **JOGO DO BAÚ DO TEMPO**.

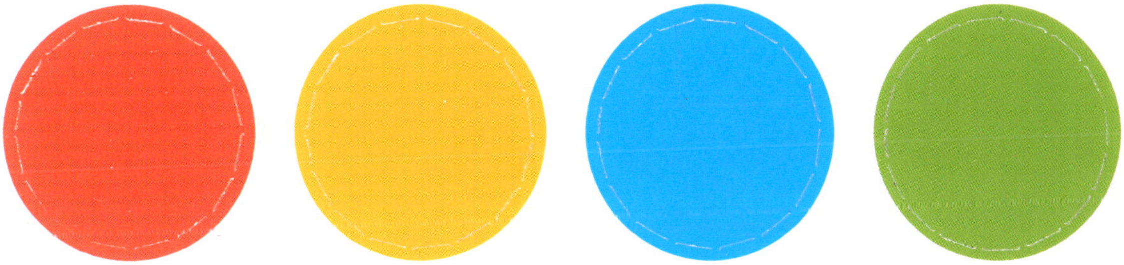

DESTAQUE E MONTE O DADO PARA BRINCAR COM O **JOGO DO BAÚ DO TEMPO**.

LEGENDA:

DOBRE.

COLE.

MONTADO:

JOGO DO BAÚ DO TEMPO

ANTES DE COMEÇAR A JOGAR, DESTAQUE TAMBÉM AS FIGURAS ABAIXO, QUE SERÃO UTILIZADAS PARA RESPONDER ÀS QUESTÕES DO **JOGO DO BAÚ DO TEMPO**.

Ilustrações: Adilson Farias/Arquivo da editora

JOGO DO BAÚ DO TEMPO

AGORA, DESTAQUE AS CARTAS DE QUESTÕES, QUE SERÃO UTILIZADAS NO **JOGO DO BAÚ DO TEMPO**.

UM ESCRITOR ESTÁ CRIANDO SUA GRANDE OBRA. QUE INSTRUMENTO ELE PROVAVELMENTE UTILIZA PARA ISSO?

1) HOJE EM DIA

2) ANTIGAMENTE

UM HOMEM DESEJA TER UM RETRATO DE SI PRÓPRIO O MAIS RÁPIDO POSSÍVEL. DE QUE FORMA ESSE RETRATO PODE SER REALIZADO?

1) ANTIGAMENTE

2) HOJE EM DIA

UM GRUPO DE PESSOAS DESEJA VIAJAR A UMA REGIÃO VIZINHA. QUE MEIO DE TRANSPORTE UTILIZA?

1) ANTIGAMENTE

2) HOJE EM DIA

UM ESTUDANTE DESEJA ESTUDAR DURANTE A NOITE. QUAL OBJETO ELE UTILIZA PARA ILUMINAR O SEU QUARTO?

1) HOJE EM DIA

2) ANTIGAMENTE

UMA PESSOA DESEJA ESQUENTAR SUA REFEIÇÃO O MAIS RÁPIDO POSSÍVEL. COMO ELA REALIZA ESSA TAREFA?

1) HOJE EM DIA

2) ANTIGAMENTE

UMA PESSOA DESEJA ENVIAR UMA MENSAGEM ESCRITA PARA ALGUÉM QUE VIVE EM OUTRA CIDADE DA FORMA MAIS RÁPIDA POSSÍVEL. O QUE ELA UTILIZA PARA ISSO?

1) HOJE EM DIA

2) ANTIGAMENTE

Adilson Farias/Arquivo da editora

JOGO DO BAÚ DO TEMPO

OS OBJETOS QUE USAMOS HOJE ERAM MUITO DIFERENTES ANTIGAMENTE. VAMOS VER COMO?

QUANTIDADE DE PARTICIPANTES

- 2 A 4

COMO JOGAR

- DESTAQUE O DADO, OS PEÕES, AS FIGURAS E AS CARTAS DE QUESTÕES DAS PÁGINAS 11, 13 E 15.
- POSICIONE OS PEÕES NO CAMPO "INÍCIO" DO TABULEIRO E DEIXE AS CARTAS E AS FIGURAS VIRADAS PARA BAIXO NO CENTRO DO TABULEIRO.
- JOGUEM O DADO. QUEM TIRAR O MAIOR NÚMERO COMEÇA O JOGO.
- CADA PARTICIPANTE DEVE JOGAR O DADO E ANDAR O NÚMERO DE CASAS CORRESPONDENTE.
- SE ALGUÉM CAIR EM UMA CASA **X**, UM DOS ADVERSÁRIOS VAI SORTEAR UMA CARTA. ENTÃO, O PARTICIPANTE DEVE ESCOLHER A QUESTÃO 1 OU A 2. O ADVERSÁRIO VAI LER A QUESTÃO ESCOLHIDA.
- O PARTICIPANTE QUE CAIU NO **X** DEVE SELECIONAR ENTRE AS FIGURAS DESTACADAS QUAL É O OBJETO UTILIZADO NA SITUAÇÃO E NO PERÍODO DA QUESTÃO ESCOLHIDA.
- SE ACERTAR, PERMANECE NA CASA ONDE ESTÁ. SE ERRAR, VOLTA PARA A CASA EM QUE ESTAVA NA RODADA ANTERIOR.
- A CARTA DEVE SER COLOCADA NA BASE DA PILHA E PODE SER UTILIZADA OUTRAS VEZES NO MESMO JOGO.
- VENCE QUEM CHEGAR PRIMEIRO AO FINAL.